你也可以在菩提树下吃杯茶

王导 著

南方日报出版社
NANFANG DAILY PRESS
中国·广州

图书在版编目（CIP）数据

你也可以在菩提树下吃杯茶 / 王导著. -- 广州 ：南方日报出版社，2013.9

ISBN 978-7-5491-0952-4

Ⅰ. ①你… Ⅱ. ①王… Ⅲ. ① 散文集－中国－当代 Ⅳ. ① I267

中国版本图书馆 CIP 数据核字（2013）第 200495 号

你也可以在菩提树下吃杯茶

Ni ye keyi zai putishu xia chi bei cha

作　　者　王　导
出 版 人　周洪威
责任编辑　阮清钰
特约编辑　孙一飞
装帧设计　伍圣游
摄　　影　刘心宁　王　导
封面绘画　马寿民
责任技编　王　兰

出版发行　南方日报出版社
地　　址　广州市广州大道中 289 号
电　　话　（020）83000502
经　　销　全国新华书店
印　　刷　广东信源彩色印务有限公司
开　　本　787mm×1092mm　1/32
印　　张　6.125
字　　数　80 千字
版　　次　2013 年 9 月第 1 版
印　　次　2013 年 9 月第 1 次印刷
定　　价　39.00 元

投稿电话：020-83000503　　读者热线：020-83000502

网址：http://nf.nfdaily.cn/press/

目录

缘起

每于曹溪小住，坐观白云苍狗，卧听松涛阵阵。叹曰：“真乃清静之地！”

师闻之曰：“善哉！‘不是息心去妄想，都缘无事可商量’，汝于寺中尽可偷得浮生数日之闲，可知和尚亦有不胜寺务纷繁之时？”

——原来围城无处不在。

我自可穿行于俗世与禅林之间，贪享两界之妙。

而师不能。

非不能也，实不为也。师之境界，我还做不到。

参访的寺院不多，接触的僧人有限，都还算有缘；读过的典藏很少，读懂的佛经没有，均不求甚解；诸恶莫作也曾作，众善奉行有未行，仍凡夫一个。

这样也许很好，我以俗眼观禅，不受拘束地写些文字。文字是随性的，对佛、法、僧的态度，却是尊重的。

根器有利钝，立意有深浅，文章有高低。若以善知识相衡量，我还做不到。

观世音菩萨究竟有多少种化身？很多答案，有说33种，有说36种，有说万千化身无量无边。

这个集子是什么内容？我说不清，有说明，有记录，有叙述，有感悟，结构参差而体裁不一。

众生需以何种身为其度化，菩萨则显何种身度化之。

不管是哪种化身，只为菩萨方便渡人。

渡人的是观世音，我还做不到。

做不到，想做到。做了，做到了？

是为缘起。

南华禅寺·瓦当

近乡情更怯

“禅关”石刻，位于南华禅寺主体建筑以西三公里，国道G106路边，韶关或马坝前往南华禅寺的必经之地。

一块巨大岩石形成一座小山，巨石平整峻峭，“禅关”两字，便嵌于此石之中。

未考证何人所书，也不知何年何月镌刻于岩石之上。至于如此之大手笔，又用何种方式雕琢于险不能攀之峭壁之上，亦不得而知。

巨石四周皆长有树，茂密浓厚，唯中间裸露花岗岩之本质，纹理交错，明暗有分，“禅关”两字，大若巨箩，笔锋苍劲而字体厚重，阴文，以大红颜色描之，周围环绕深绿丛林，下衬黄黑花岩，异常醒目，若逢喜雨涤尘之后，更显清新。

相传唐之盛时，南华禅寺的疆域或延绵至此处，故标以“禅关”以示之。

也就是说，到了禅关，便是到了南华禅寺了。

南华禅寺·“禅关”石刻

昨天，昨天以前的十数日，要么是灰蒙蒙的霾弥漫着，要么是湿漉漉的雨笼罩着，在那样厌人的天气下，人往往蜷缩着，不愿动弹，似乎没有了生气，也失去了活力。

也许是惠能念叨我了吧，我好像是接到了他的邀请，否则我无从解释为何会在这样糟糕的天气里做出决定，要到曹溪走一趟。

——没有丝毫对六祖大鉴禅师的不敬。

在旁人看来，惠能是佛，是菩萨，是一尊偶像，须得顶礼膜拜，不可有半点亵渎。

只是，惠能于我，实在太亲近，是互动的，是活泼泼的，既是慈眉善目的尊长，又似神交多年的知己。

“相见亦无事，不来忽忆君”，原来，却是我挂念他了。

没有一点预兆，在我心念方动，准备动身的时候，持续了好长，而且好像要一直持续下去的阴雨天，结束了。这是一个冰冷冬日里难得的晴天，老天许我一个清凉却开朗的早晨。

到南华禅寺去，去跟惠能说说话，一切是如此自然而熟悉，跟回趟老家没有什么两样。去往韶关的火车上，去往马坝的汽车上，在暖阳的照耀下，反倒有些懒洋洋的，并不特别兴奋。

心神相通的老友，见与不见，都能彼此感应，大概就是这种状态吧，已经用不着在心里泛什么波澜了，也泛不起什么波澜了，那是一种恒定而久远的情谊，绝不奔放，只如同一杯陈年普洱，若有若无地透着岁月沉淀的微微的香。

然而，然而。

平静的爆竹可以瞬间被点燃，更短的时间后就是扑腾扑腾的心跳，一如鞭炮“劈啪”“劈啪”地响起。

撩拨起炮仗，只需一丁点的火星。

这点火星，就是“禅关”，那书于岩石之上的两个字。

由马坝前往祖庭途中，稍稍有些沉闷地坐在车上，一如既往的安静。不知道是故意还是天意，扭头往窗外一瞥，那雕刻在山石上的“禅关”两字，便以迅雷之势朝我扑来，在心里炸开了花。

原本平静的一泓水，迅速沸腾起了泡。

一路赶来，心如止水，我以为我可以淡然了。“禅关”两字，静静地立于峭壁之上，不说话，一动不动，却如一支利箭击中我心中最柔弱之处。

这种情感，便是“近乡情更怯”罢。我刻意地平静，那是因为我离你还远，一旦走近，却会生出何等的感慨啊。

如同那些奔波在外返乡的人儿，就快到家了，心下忐忑：父母师长的嘱托可有实现？姐妹兄弟的容颜可有改变？邻里乡亲的情分可有更张？

我虽不是佛教徒，却与禅宗祖庭南华禅寺缘来匪浅，过了“禅关”，就如同游子踏进了家门。近乡了，我怯了，可是我怯什么呢？

是不是怕惠能见面就问：你从何处来？你来做什么？你自在吗？你知足吗？你做了些什么？你得到了什么？你失去了什么？

…………

禅关已至，祖庭就在前方，又怎能不心旌摇曳？又怎能不浮想联翩？

天地一宽大南华

寺前广场，原是南华禅寺山门之前的空地。

早些年，这块空地并未很好地利用。店铺杂陈，让本应宽广的天地略略逼仄了；牌坊孤立，让本应融通的气场稍稍阻隔了。既显得凌乱，又欠缺了大气。

整饬一新的广场，由两个硕大明堂组成。前靠G106国道，后接山门。两个明堂之间，是一条宽约两丈的护城河，河上以三座拱桥连接。

拱桥名为“三无桥”，步过三无桥，左右各有一只石象，拔腿举鼻，形态飞扬，似露愉悦之意，必是喜迎贵客无疑。

再往前，左右又各立莲花基座华表各一，庄严神圣。

寺前广场扩建和改造后，既为南华禅寺的大型佛事活动提供了场所，更可略见“大南华”格局之一斑。

过禅关不久，车停下了。

再一次面对南华禅寺的寺前广场，我诧异于它的变化了，我喜悦于它的与往不同了。

这个广场，怎么变得那么宽？怎么变得那么大？

下午时分，偏西的太阳愈发起劲地将明晃晃的光洒遍整个广场，亮度的增加，令广场愈发的广阔。

三九节气的风试探着轻轻拂过，当然是冷的，然而在亮堂堂的日光保护之下，冷风无功而返。

我肆意地奔走在寺前广场，纵情于这宽敞天地之中，享受阳光赐予的冬日里的温暖。

面朝山门，山门往左右向前向外延伸的围墙，仿佛是张开的长长双臂，要把整个广场围拢，我伫立于广场之中，接受这久违的拥抱。

迈步走上三无桥，在拱桥的最高点停下来。在桥上原地转了几圈，环视四周那空阔的广场，复又仰头凝望高远的天空，感到一阵兴奋的眩晕。

这三无桥，是指“无忧、无悔、无怨”的禅心“三无”吗？的确，来到曹溪，伫立在南华禅寺的寺前广场，只得大自在，又哪来的忧？哪来的悔？哪来的怨？

身处此情此境，我恍惚了，我感到一丝异样，但我说不出是什么感觉。勉强要作个比喻的话，就像是碰到了最熟悉的陌生人——再熟悉不过的南华禅寺，竟然变得有些陌生了。

是什么，让我有这样异常的反应？

当再次定神，站在桥上，良久地望着曹溪门，默念着一路而上的五香亭、宝林门、天王殿、大雄宝殿、藏经阁、灵照塔、祖师殿、后院，最后定格在敦实的祖庭后靠宝林山。

南华禅寺·寺前广场

再缓缓地转过身来，感受面前宏伟宽大的明堂，视野越过国道，越过曹溪，越过村落和农田，越过京珠高速，遥望远处一簇簇向着南华禅寺朝拜的群山。

那是一种什么异样的感觉，我现在知道了。

格局，是南华禅寺的格局，已因宽阔无阻碍的寺前广场而为之一变。

一个“大南华”的格局，已经若隐若现，显现在我的脑海中。

一叶知秋，管窥全豹。寺前广场的扩建和改变，让南华禅寺冀图重现全盛时期面貌的决心有了着力处，让传正方丈再创一个盛世“大南华”的愿景有了立足点。

都说“佛法在世间，不离世间觉”，南华禅寺并不似其他丛林，或深藏大山之中，或偏居寂静一角，反倒是地处交通要道之畔，正是一个弘法的大道场。

现在，有了这个宽敞大气的寺前广场，也就让禅宗祖庭有了一片宽广的前庭，局面豁然开朗。这个广场，紧靠国道，接通了凡尘与禅林，既可接纳源源不绝的游客和信徒，亲近众生，又有了一个可供回旋的缓冲，让人们在偌大的广场中消散尘气，沉淀焦躁。然后，才能以一颗清净之心，从容地迈过山门，登堂入室。

北倚宝林山，南华寺稳踞其中，寺院的中轴线，宛如大象的鼻子，朝南通过广场吸纳天地精华灵气；西至禅关，以“拈花笑处”祖师殿建筑群相接；东有佛学院、息心园、多宝阁，以长廊相连。至此，“大南华”的框架，已具雏形。

如同破茧的蝶，已经可以看到它的翅膀在颤巍巍地律动；如同待放的花骨朵，已经能够感觉到它的花瓣想要挣脱怒放。

天地，为之一宽。

“拈花笑处”位于南华禅寺主体建筑以西，与“禅关”相接，恭塑禅宗五家七宗具有代表性的祖师圣像八十余尊供奉其中。寺院建筑空间的延展，令“大南华”的格局初现。

南华禅寺的寺前广场有吉象迎宾。

就这样被领进门

寺院大多藏于深山密林之中，故寺院的外门俗称山门。其实正式名字应该叫“三门”，一般是并列的三扇门，象征着“空门”、“无相门”、“无作门”，亦即“三解脱”门。

南华禅寺没有设立平行的三扇门，却有纵深的两道山门，第一道山门上，有牌匾高悬“曹溪”两字，故称为“曹溪门”。

蓝绿的琉璃瓦，暗红的木柱，明黄的墙体，三种传统的佛教建筑色彩搭配，让曹溪门显得庄重而古朴。

在“曹溪”牌匾之下，内龛门框上方再有一匾，红底金字，木匾四周以金龙环绕，匾内是赵朴初先生手书的“南华禅寺”。

曹溪门对联：“庾岭继东山法脉，曹溪开洙泗禅门。”

对联明白无误地将惠能禅师在东山得法、在曹溪弘法的经历概括而出，两块牌匾也堂皇地宣告，你现在将要踏进的，正是六祖道场，禅宗祖庭之所在。

南华禅寺·曹溪门

站在寺前广场三无桥的正中，远眺南华禅寺的第一道山门：曹溪门。

“远眺”？你或许会有疑问，觉得我用词不当了。

确实，寺前广场虽大，但站在三无桥上，距曹溪门亦区区数十丈而已，用“远眺”，似乎不那么确切。

但请且慢否定，你不妨身临其境，亲自去实地体验一下。

好了，现在，请凝神，视线平稳地望过去，面对曹溪门，两侧是土黄色的高大的院墙，东西各向前伸出十数丈，曹溪门被两侧更加高大而茂盛的树林簇拥着，令到原本宽阔的山门仿佛显得很小，很遥远。

赵朴初题写的“南华禅寺”牌匾。

再将视线从山门穿过，往纵深望去，隐约能望见五香亭，隐约能望见第二道山门，视线将会一直延伸，延伸到仿佛深邃而无有穷尽。这时，请稍稍抬高视线，便能看到后山的浓密的森林，拱卫整个寺院。

往更远、更高处望去，被阳光打得透亮的湛蓝天空，蓦然出现在后山的上方，耀眼的大朵白云，更增时空的邈远。

再眨眼时，你的眼睛，已把你的思绪带进了宇宙十方，仿若置身于西天宝林。

面对如此格局宏大、气象雄浑的南华禅寺，急不可待的，你想趋身向前。

我可以理解你迫不能待要参访祖庭的心情。可是，你准备好了吗？你将如何走进这看似遥远却近在咫尺的第一道山门呢？

人世间种种人，如何进这法门？权倾一时者，或不可一世迈进去；富甲一方者，或视若无睹跨过去；有求诸佛者，或诚惶诚恐？贫贱低下者，或战战兢兢？有小成者，或得意洋洋？方失意者，或意兴阑珊？

再一次面对曹溪门，我没有像往常一样快步走进去。我也在想，我该有一个什么样的态度？一种什么样的心境？

不管如何，却不敢轻慢了这座有着一千五百年历史的古刹。你须得缓步再朝前，更接近曹溪门，这时你便又觉得，山门一下子变大了，不单只是空间的大，而内涵也如此丰富：如果你醉心文字，可以细细品味山门的对联；如果你钟情古典图案，可以留意那镂空的窗花；如果你喜好书法，你也许已轻轻地转动手腕临摹起牌匾上的墨宝了。

山门门框上方那块匾上，正是赵朴初先生亲笔题写的

赵朴初与惟因老和尚。（资料图片）

"南华禅寺"。

赵朴初先生，佛教界尊称"赵朴老"，是前中国佛教协会会长。以居士之身行菩萨之道，穿行俗世禅林之间，一生为佛教造福无数，诗词功底深厚，书法更是自成一格。

君生我未生，君逝我方觉。我常常感叹不能得万中有一的缘分亲近赵朴老。故此我内心亦一直以赵朴老为师，并不是苛求能达到赵朴老的境界和成就，只是赵朴老的情怀，我希望能得之几分。

细细品味这四个字，工整端庄，却不落刻板的窠臼，暗含着变化；敦实厚重，却不觉笨拙臃肿，反有一种活泼。

你甚至可以感觉到字里行间有一股无形的气向你弥漫开来，不带丝毫的压迫性，却可以让你心头暂且放下，垂首自省。

其时，西斜的落日恰恰赶到，不偏不倚地打在匾上。浓浓的橘子色的光，照着那镏金的字，再漫射开来，看着是一片金灿灿的辉煌，却不刺眼，异常舒服。

这是黄昏的日头，脱去了晨早初升的青涩，放下了正午高照的热烈，而泛着一种意味深长的柔和。如果想要找什么来比喻这样的光，我将很自然地联想到长者的关怀。是的，这种光，恰如一个尊贵而和蔼的长者，用其累积一生的智慧底蕴，为你慢慢启发人生的哲理。

这样的长者，此时此刻，在我脑海里，便是赵朴初先生无疑。

就在这一刻，我仿佛看到赵朴老就站在曹溪门，斜挽拐杖，抿嘴带笑，目光似烛，温文尔雅。好一个谦谦君子，温润如玉。

我不由自主地抬腿，心中一片平和，不骄不躁，不亢不卑，就这样被赵朴老领进了曹溪门。

且停一停吧

放生池位于曹溪门与宝林门之间，是一个大的圆形池子，直径十数丈，终年蓄水，供众放生。池上架设放生桥，联结曹溪门至宝林门。

放生桥上有一个亭子，曰五香亭，五香即戒香、定香、慧香、解脱香、解脱知见香。

五香亭处于放生池的正中央，共有八角八边，绿顶红檐，亭下南北两边贯通为通道，东西两侧设有石椅，供游人闲坐。

如果不算上香樟树和伯公亭，对于大多数人而言，五香亭和放生池是进入南华禅寺所接触的第一处景观。

这是一处难得的休憩之所，可惜，甫一进寺的人儿，很少有在这里羁留一番的。

跟团的游客匆匆地张望上两眼，脚不沾地，急急地走

南华禅寺 · 五香亭与放生池

过，他们向往着前边更多更好的风景；

虔诚的的信徒在伯公亭烧了香，心焦火燎的，便拔腿奔赴下一个殿堂，他们一心记挂着，生怕漏了哪一个菩萨。

是啊，刚刚踏进山门，有什么理由要在此时停下来呢？又有哪个愿意就此歇息呢？

五香亭原是虚云老和尚住持南华后创建的。在此处设这么个亭子，我猜想初衷是没有什么太大的深意的，只为了在宽阔的水面之上，增添一个点缀罢了。

我曾经在五香亭待过很久，吃完早饭就坐在亭子里，一直坐到午饭的竹板声响起。期间什么事也没做，就是发呆，看亭子在水中的倒影，看熙熙攘攘人来人往。

池边的一排大树，根深枝繁，好些大的枝干已经高高地斜伸出池面，几乎要接近亭子，在上面形成一片树阴了。

闲坐亭中，那是何等的悠然和惬意啊。清风徐徐，水波微兴，大树的叶子也一片片舒服得伸起懒腰来，微微翻动，偶尔有几个调皮的，干脆就趁着枝梢看管的一时疏忽，偷偷地飘落下来找我玩儿，见我痴痴的动也不动，不理不睬，便装作不高兴了，拐了个弯，转而投向水面，与鱼儿亲近去了。

那鱼儿，偶尔也会跃起水面去迎接那寂寞的叶子，转瞬复跌入水中，却把尾儿一弯，划出一个小的涟漪，那叶子便随着水波一荡一荡地，仿佛坐上了秋千，把受我冷落的不快忘在一边。

间或有僧人，划一个小艇，在放生池里清洁，鱼儿便忽地不见了踪影，唯有那几只浮在木板上晒太阳的乌龟，像我一般呆头呆脑，无视周遭的变化，仍旧眯着眼，享受着大好时光。

看着乌龟那岿然不动的姿态，再看着从五香亭快速鱼贯而过的人们，我不禁想放声大喝：且停一停吧，走得慢一些！

可是没有用，人群还是自顾自地朝前奔走。

我自失一笑，只好倚着栏杆，跟身旁满满地挤在亭子里石凳上的人一起，继续看叶观鱼。

——你也许奇怪了，不是说大家都不作停留地走了过去吗？怎么亭子里又全挤满了人呢？

这……这也算是一个问题吗？

好啦，不绕圈子了，为什么亭子里会挤满了人呢？

呵呵，那可大多是回程的人啊。

当游客一路朝上，蜻蜓点水般看过所有景致之后，觉得游完了，又要赶往下一处景区了，便往寺外走，到了五香亭，眼看就要离开南华了，又觉意犹未尽，心有不甘。

当香客一路朝上，一个不落地拜完佛祖拜菩萨，觉得礼数到了，心里有着落了，便往寺外走，到了五香亭，即将拜别祖庭，又觉依依不舍，欲走还留。

于是，他们便全聚在了五香亭里，做最后的流连。大人指着那鱼儿招呼小朋友快看快看，男孩看着落叶对女孩说真美真美。

新的一批刚进山门的人儿，便在他们的欢呼雀跃赞叹感慨中，无视地走过。

远近高低各不同

步出五香亭，往前不到十丈，便是南华禅寺的第二道山门：宝林门。

南华禅寺肇建之时，赐名“宝林寺”，其后历经波折沧桑，寺名时有更迭。此第二山门名之“宝林门”，当然可以看作是一种纪念。

此山门之上有林森手书“宝林道场”的牌匾。

林森，一时之人物也。在近代和当代，许多名留青史的闻人要人，均曾造访南华禅寺，可谓是群贤毕至。林森其时虽贵为中华民国国民政府主席，如今看来，也只不过是参访过南华禅寺的璀璨群星中之沧海一粟罢了。由此足证南华禅寺在佛教中的尊崇地位，堪显禅宗祖庭的非同小可。

再来看宝林门的对联：“东粤第一宝刹，南宗不二法门。”

迥异于曹溪门对联的不动声色和娓娓道来，这一副对联，可谓是一声断喝，将南华禅寺的历史位置牢牢定格，没有犹豫，无需回旋。

这样直截了当而又名副其实的对联，我赞之曰：

若无底蕴，敢出此语？出世入世，争是不争。

勇于荷担，舍我其谁。锋芒毕露，机锋第一。

从正面看，宝林门结构简单，整座建筑均无柱和梁架，直接砌墙到顶，显得很是单调。整体建筑不高，墙体就更显得厚，墙身通体涂黄，越发显得四平八稳，扎实得很。就算在讲究工整不尚花哨的佛教建筑中，也显得没什么变化，很普通，平平无奇。

就像大山里的男儿，个头不高，却长得壮实，没有华美的装扮，没有如簧的巧舌，有的是单纯的思想，有的是孔武的臂膀。

确实，山里的汉子，长得有些粗糙，第一眼看上去，就是可靠憨实，再看第二眼，还是可靠憨实。

喜欢吗？当然喜欢。可是，可是……如果一味的老实本分，又好像缺少些什么情趣哩。

看吧，人，就是如此的不知足。

…………

哈哈，离题了，说着宝林门呐，怎么没说两句就走神了呢？

既然走神了，那也不急着走回去，干脆走远一点。

话说南华禅寺曹溪佛学院有一本刊物，由传正大和尚创办，名为《曹溪水》，起初是不定期的，后来是双月刊，再后来是月刊。格调雅俗共赏，行文清新喜人，各位有兴趣的，不妨到寺里的阅览室去翻阅翻阅，或有所得。

记得有一期《曹溪水》，恰好在方丈室看到，便被其中一帧配文照片吸引住了。只见上下两层的明黄建筑侧面，呈三角形状叠在一起，再有绿瓦铺就的两个檐角飞出，构图的线条颇有韵律，更巧旁边一棵大树，叶子金黄透亮，却如杨柳般低垂下来，映衬着秋色，一派妩媚迷人景象。

这倒是哪个般若去处，有空须得访它一访。

便问传正师：“这照片是在哪个寺院拍的？”

“曹溪如许好景，何须另觅他处？”

“啊？就在南华禅寺？我怎么没见过？在哪？”

“宝林门也。”

宝林门？我愕然，再细看，确是我心急了，照片下方，隐隐约约以小字标注“宝林门秋色”。

从侧面看到的南华禅寺宝林门，俊俏绰约，迥异于正面古朴敦厚的风格。

这秋意迷离、清丽不俗的，就是那印象中一板一眼近乎木讷的宝林门吗？我半晌无语。

将信将疑，又急于一窥真相，我来到象园边上的小径，从侧面打量宝林门。

果真！虽彼时时值盛夏，照片中的金黄叶子，因季节的原因，还全是一片苍翠之色，然而就在这片绿意盎然中，更难掩宝林门的俊俏绰约，宛然小家碧玉。这样的景致，当你正对宝林门的时候，确实是无法联想得到的。

“横看成岭侧成峰，远近高低各不同”，这打小就倒背如流的诗句，我不觉低声地念了出来。苏东坡这咏叹庐山的名句，此时化用在宝林门身上，却是再合适不过了。

东坡居士亲近佛门，诗词中颇多禅理。他在写此诗之时，业已熟悉庐山的一草一木，对庐山不同角度的变化已了如指掌，即便如此，他仍然感慨“不识庐山真面目，只缘身在此山中”。

而我竟然不曾想到要换个角度去宝林门的侧边看一看，便把宝林门的印象固化了，惭愧，惭愧。

如今，当我再走到宝林门的跟前，我时常会警醒自己，庐山是如此，宝林门是如此，对事理、对物、对人，又何尝不是如此？

金刚怒目，菩萨低眉

过宝林门，前行即至天王宝殿。

殿前置一巨大衣钵造型，铜质贴金，为纪念建寺一千五百年而造。象征六祖东山得法，承继衣钵。常见游客以硬币投之，以讨吉祥。

天王宝殿正中是袒胸露臂的弥勒菩萨。

天王宝殿左右两边是四大天王，亦称四大金刚。却见这四将个个横眉怒目，人们却总搞不清谁是谁。

不妨简介一下：东边厢两位，手拿琵琶的是东方持国天王，手持宝剑的是南方增长天王；西边厢两位，右手拿伞、左手持银鼠为法器的是北方多闻天王，臂缠盘龙、手持龙头的是西方广目天王。

绕过笑嘻嘻的弥勒，跟他背靠背的，是韦驮菩萨，相传韦驮菩萨发愿要永恒地护持佛法，为众生服务，保护寺院和修行者的安全。南华禅寺的韦驮菩萨塑像是以古代将军身示现，手持宝杵，威风凛凛。

再来说说天王宝殿的几处对联。

殿前柱对联为："祖庭开象鼻山前是庄严初地，法轮转龙汉劫后有欣慨满怀。"

弥勒菩萨两旁却是一幅长联："空布袋少米无钱却剩得大肚宽肠不知众檀越信心时将何物供养，年年坐冷山门接张待李总见他欢天喜地试问这头陀得意处有什么来由。"

赞叹韦驮菩萨的对联是："护法安僧亲受灵山嘱咐，降魔伏怨故现天将威风。"

—— 一个天王宝殿，我原封不动地把三副对联都录了下来，未免给人以偷懒凑字之嫌。

我之所以不厌其烦地提到对联，是有原因的。对联，或称楹联，是中国传统文化的精华，尤其寺院里的对联，既对仗工整，文字优美，往往还能通过对联的内容了解寺院历史和佛教知识，大部分对联还具有高远的意境和思想，足以增长智慧。

所以，想办法去读懂对联，大有裨益。

或者你要问了，有些对联用词隐晦难懂，相关的典故也不知晓，何不一一详尽介绍？

那我就再回答你。人生有限，识见无穷，五车八斗，浩如烟海。我是不可能在一篇或数篇文章之中，事无巨细地阐述一番的。况且最根本的原因，在于才力有限，也不是百晓先生。我写文章，只是有感而发，遇到自己稍有心得的，有感触的，自然就写了出来；若是拿捏不准，或是自己都还要请教明师的，又岂可以我昏昏，使人昭昭？

这些个线索，我便在文中露个小尾巴，权当是抛砖引玉，如果能引得读者诸君追问一番，思索一番，更甚者钻研一番，那么，这个接引功夫，也算功德无量了，何憾之有？

至于有缘者，当自行翻经查典、访师问友，不懂的地方，下番功夫去，就懂了嘛。你若懂了，就是我的老师。

又是一个筋斗云，离题十万八千里。还是说回天王宝殿吧。

南华禅寺 · 天王宝殿

到得天王宝殿，你才能看到第一尊菩萨。

平常小庙，一进去没走几步，便能看到这乐天潇洒的布袋和尚了。然而在南华禅寺，要见到这尊弥勒菩萨，可真不容易。

在天王宝殿前回首，距宝林门是一箭之遥，宝林门距五香亭是一箭之遥，五香亭距曹溪门又是一箭之遥。要知道，这还没有算上曹溪门前的广场，这还没有算上据守寺西的禅关。

你现在终于能体会到一丝“大南华”的概念了吧。

远道而来，辛苦啦！所以，由这位无论任何时候都打着哈哈的弥勒和尚来迎接你，相信你也一定会一展容颜，会心哈哈一笑，皆大欢喜。

且慢！当斜地里杀出那看似面目狰狞的四大金刚之时，恐怕又会让你心中悚然一惊吧。

莫慌，莫慌。你且当作是碰到当值的警卫人员吧，如果你心底无私，大可心安，就算是他盘问你几句，那也是例行职责而已。当然，倘若是不怀好意者，则另当别论了。

曾经有一次跟朋友在天王宝殿逗留，这位好友素来机敏，也不乏幽默，本来心情很是愉快，跟他是天南地北地聊着轻松的话题。可他在看过殿里反差极大的一张笑脸和四张怒容，忽

南华禅寺寺藏文物·明代木雕四大天王（局部）

然感慨："难怪佛门中有所谓'金刚怒目，菩萨低眉'的说法，于禅门的角度来说，就是对普罗大众善恶的考察，以便针对不同的人施行不同的接引方式。"

他一本正经，话题便一下子严肃了，我略一思索，接腔道："作为一个普通人，我更愿意把在天王宝殿中看到的这两

南华禅寺·天王宝殿殿前石碑

种完全不同的脸孔，理解为加强自身修养中既对立又统一的两种方法。”

好友看到我也认真了，不由得笑了笑，示意我继续。

“我说得再直白一点吧，我就是觉得从弥勒菩萨和四大金刚的塑像中，可以感悟到一些做人做事的道理。”

“哦，什么道理？”

“说穿了，不外乎是‘宽于待人，严于律己’这八个字。”

“就这么简单？”

“是啊，就这么简单，可是要做到这一点，难不难？”

好友回味良久，终于吐出一句：“难，真难！”

有多少人能够像弥勒一样微笑着永远善待他人，宽容他人的无心之失？

有多少人能够像金刚一样睁圆了眼睛时时审视自己，发现种种不足而改正之？

想到此处，我和同伴几乎是同时轻轻叹了口气：“至少，我是没有做到的。”

缥缥缈缈的香

天王宝殿之后，便是大雄宝殿。

殿内中间是释迦牟尼佛，其东是药师佛，其西是阿弥陀佛。

释迦牟尼佛前，左右各有一个侍者塑像，身披彩金大红袈裟，面目较年轻者，是阿难尊者；较年长者，是迦叶尊者。两尊者皆是释迦牟尼佛的弟子。

三佛像和两尊者像，与其他寺院并无不同，唯其特别高大，威仪赫赫。

大殿的四壁，有彩塑五百罗汉。

真是难为了当初的雕塑者，既是塑像的行家里手，更须熟悉罗汉品性，居然能够将五百尊罗汉刻画得形神俱备而又面目各异。

五百罗汉，一千个人看过后，会有一千种印象。据说，你喜欢哪位罗汉，也许，你就是那尊罗汉的转世哩。

大雄宝殿的后部，紧靠三尊佛像的墙背面，是脚踏巨鳌，手端净瓶的观世音菩萨像，另有善财童子和龙女随侍左右。

大雄宝殿后方，有一口千僧锅，是元惠宗至元四年（1338年）所铸，可供千僧饭食，从另一角度，见证了南华禅寺的鼎盛。

盛夏之末，而秋意不浓。

这样的季节，行将告别酷暑，而令人期待的天高云淡的日子，又还没有到来。

这是一个尴尬的时期，虽然短暂，但无法逃避，而且你不知道这样的时期要持续多久，也许明天，秋风就吹来了，也许十天半月之后，却还是闷热难耐。天气是如此，人生的许多事情也是如此。

这是一个焦躁不安，最易失去耐心的时期。犹如你抱柴燃薪，水已嘶嘶作响，响了很久却还没有一点沸腾的意思。

嗯，就是这样一个时期，我一个人待在无忧寮，也记不起来到底是有什么事影响了情绪，还是真的只是希望这样的气候早点过去，总之是令到自己无法宁静了。

夜了，周遭都安静了，我还没能睡去。

不如到处走走吧。我沿着竹园的走廊走去，没有什么线路的安排，也许经灵照塔到六祖殿去，也许，从六祖殿通往后院的门没有关，那就干脆走到后院去，看看那几株水松。

才走出走廊，便闻着一种缥缥缈缈的香味，从大雄宝殿的方向飘过来。

本来就是信步，被这香引着来到大雄宝殿前。大雄宝殿的大门紧闭着，热闹了一整天，听够了游客的嘈杂和香客的祈祷，佛祖们怕也是累了，该休息了。

香味却还是若有若无，显然并非从殿内飘出。

大雄宝殿与天王宝殿之间，却不是一个开放式的空地，东西各有一排建筑，东边依次是报恩堂、钟楼、伽蓝殿，西

南华禅寺·大雄宝殿内三尊佛像与五百罗汉雕塑

南华禅寺·大雄宝殿的日与夜

南华禅寺·大雄宝殿檐口饰像

边依次是西归堂、鼓楼、祖师殿，这两排建筑，将中间围成四合院般的园子。

园子的中间，有个长方的池子。

池子里，几朵睡莲，花是半开未开的，叶子和叶子互相挨着正在休憩；几条游鱼，虽不能闭眼，但都没了动静，怕也是睡了过去。只一管喷泉，好像是坏了，水没有散开，却聚成一小股，不停地打在池面回响着。

远处树梢的蝉，时断时续地叫，本应令人焦躁的蝉鸣，

南华禅寺·鼓楼

却因距离甚远，经过层层夜空的过滤，变得微弱，与流水轻轻撞击水面的叮咚声和应着，听在耳中，却从口里咀嚼出微甜的味道来。

园子的四周，种满了花草树木，将整个园子簇拥着。两侧都有桂花，西侧的一株尤其高大，树枝舒展开来，几乎将半个园子都荫住了。

那么，将我引进园来的香味，便是桂花了？

走近前去，趁着月色仔细辨认，偌大一棵桂花树，全长满叶子，却不见有花。

也许，那桂花，是先在高处的枝梢一点一点蹦出的吧。

我抬头想看桂花的枝梢，却看到了那轮上弦月。

今夜，是初八吧，还是初九？

虽是一轮弯月，却足够明亮，将整个园子打得银灰银灰的。

我仰望着天空，有几片乌云，离开月亮远远的，却让苍穹显得神秘。

如同小时候，我的思绪又开始游走，月亮之上是什么？是银河吗？银河之上又是什么？宇宙的边界在哪里？过了宇宙的边界，又是什么地方？

脑子越来越乱，像在漩涡里打转，不能自拔。

忽然，脸上一凉。

是一滴水落了下来。

俄顷，又是一滴，两滴，三滴，落在我的身上，令我不禁打了一个激灵。

下雨啦！我想都没想，就往无忧寮跑去，全然不管动听的蝉鸣和水声，全然不管那诱人的桂花香，全然不管那银色的月光。

藏经的意义

大雄宝殿之后就是藏经阁。

两个建筑之间的距离不似曹溪门至宝林门般开阔，仅有数丈。然而高度却上升了不少，需得沿台阶拾级而上。

藏经阁有上下两层。

下层正中供奉观世音菩萨塑像，左右两厢则布置成展览室，其中有竹刻五百罗汉、微雕六祖坛经等为纪念建寺一千五百年的艺术精品，也有武则天圣旨、经文等历史文物。

下层东西两扇墙，则有石刻释迦牟尼佛及迦叶初祖至惠能三十三祖的法像，还有明代憨山禅师为佛及三十三位祖师的礼赞诗。

藏经阁的二层，存放着南华禅寺所有重要寺藏文物及各种版本的藏经，不对游客开放。

南华禅寺·藏经阁

南华禅寺的藏经阁两侧各有一株菩提树，东侧还设有阅览室，摆置着《寺院巡礼》、《了凡四训》等读物，以及各地寺院或佛教协会的期刊，供游客翻阅。藏经阁、菩提树、阅览室，这象征智慧的三样平行一字排开，相信不是巧合。

藏经阁的“藏”，和很多人一样，我刚开始也是误读成Cang，想当然以为藏经阁就是收藏经文的地方。后来才知得名于“经、律、论三藏（Zang）”。“三藏”是佛教经典的总称。经藏，是佛所说的理论，以及经佛印可的佛的弟子所说的理论；律藏，是佛所说的戒律；论藏，是菩萨和佛弟子根据佛所说的经义，加以阐述的论文。

在寺院里面，存放和供奉“三藏”的地方自然便称为“藏经阁”。

也许你读到此处会觉得沉闷了，怎么突然间掉起书袋来了？

是的，我力图通过轻松的笔调，希望尽一个导游的职责，让你参游南华禅寺更有趣味。恰恰对于藏经阁，如果我不正儿八经地着笔，我怕愧对了其中的博大精深。因此，我认真地写，你就认真地读吧。

好了，继续说故事。

南华禅寺寺藏文物·明英宗御赐《大藏经》圣旨

南华禅寺寺藏文物·明英宗御赐《大藏经》（部分）

南华禅寺寺藏文物·清代《金刚经》

在我还把藏经阁的“藏”字误读的时候，在我脑海中所知道的，佛教的经典不外乎就是《金刚经》、《六祖坛经》等有限的几部。

直到有了一个特别的机缘，跟随传正大和尚第一次进入藏经阁平时不开放的二层。

负责管理藏经阁的知藏师恭敬地一架一架逐一打开藏经橱，说：“这就是《大藏经》。”

几个高大橱柜中摆满的一排排经典，散发着一股浓浓的书卷之香，如此的气象宏伟，超出了我的想象，“汗牛充栋”，亦不外如此吧。

南华禅寺寺藏文物·明代金书《华严经》

大和尚向我介绍："藏经的编辑历史可以上溯到南北朝，当时称'一切经'，隋朝以后就称'大藏'。而集中刻印大藏，始于北宋，当时宋太祖看到佛经都是单行的散本，可能有失落的危险，因此组织刻印了我国第一部《大藏经》。此后，在不同的朝代，又加入了各代所新译的经论和著述，出现了不同版本的藏经，南华禅寺现今所藏的《大藏经》，为清朝康熙皇帝御赐。"

望着那足以将自己完全淹没的经典，我庆幸有此一行，否则真成井底之蛙了。

当知藏师重新合上柜门的时候，我突然想起来一件事：

“这些藏经，现在都成了受保护的文物了，不但不对游客开放，甚至寺里的法师们，恐怕也不能随便翻阅吧？那岂不是失去了藏经的意义？”

大和尚展颜一笑：“民国之前各种版本的《诗经》、《论语》，恐怕都已被博物馆收藏，成为镇馆之宝了吧，难道你就读不到‘关关雎鸠，在河之洲’了？难道你就读不到‘有朋自远方来，不亦乐乎’了？”

大和尚的这一反问，把我也逗乐了。

这是一个最好的时代，物质是如此丰富，各种书籍应有尽有。进入互联网时代后，和许多著名的寺院一样，南华禅寺也建立了官方网站，除了介绍寺院环境和历史，还有法师在线解答疑难。

中华佛教初兴之时，玄奘法师历尽万难，为的就是到天竺去取回真经；历代高僧四处游方，为的就是求学若渴参得正道。如今的问题却不在于缺乏教材和书本，也不在于没有良师益友的教诲和互助，而恰恰缺乏了“钻之弥深，仰之弥高”的学习心态。

所以，你若对学习提不起兴趣，就算是把你关在藏经阁，那也只能是入宝山而空手回；或者把那一整套的康熙大龙藏送给你，那也只是白白糟蹋了国家一级文物。

照见彼岸的明师

灵照塔，紧邻藏经阁之后约三丈，地基高出五尺许。

塔名“灵照”，时任国民政府广东省主席李汉魂手书。

灵照塔呈八角形，五层，高约十丈。始建于唐先天年间（712–713），原为木塔，后毁于兵火，重建时改为砖塔。

塔身为白色，每层八边，每边一道拱门，边框和小拱门为暗红色。

塔的第一层南北均有小门，南门为正门，塔内供奉毗卢遮那佛；北边小门，有狭窄的螺旋形阶梯到塔顶。

塔与寺院密切相关，梵文中“塔”的意思是“方坟”、“圆冢”，原是用来安藏高僧舍利的，现在往往也用来珍藏佛经和各种法物，习惯称为“宝塔”或“佛塔”。

塔的层数有五层、七层、九层、十一层、十三层，本无定数。不过，俗语说“救人一命，胜造七级浮屠”，浮屠，就是塔的别称。故此，七层宝塔的形象深入人心，得到大家的普遍认同。

针对只有五层的灵照塔，旅游团的导游们喜欢解释成塔名“灵照”两字，已经包含隐藏的两层，谓天一层，地一层，加上凡人所能见的五层，正好七层。这种说法，既然可以自圆其说，也不必特别纠正了。

灵照塔，是南华禅寺所有建筑中，我以不同角度观察得最多的。

看得最多，不是因为这塔有多么雄伟，或是多么华美，相反，恰恰是因为这塔实在太普通。

若干年前，受大和尚所托，为南华禅寺建寺一千五百周年刊印一本南华禅寺建筑及景观的图集。为此，我特地到北京礼请摄影家刘心宁老师，并作为他的摄影助手，陪着他在寺里整整工作了两周。

其时刘老师年岁已过六旬，他是个有心人，也是个有缘人。他在南华禅寺所拍的绝大部分照片，至今仍然难有超越者。

按我们拟定的工作计划，灵照塔，应该是这一天拍摄的内容之一。

南华禅寺·灵照塔

刘老师围着塔转悠了许久，几次端起相机，却又最终放下，就是没有按下快门，回头对我说：“我们先拍其他吧。”

次日，刘老师又在塔下转了几圈，这次倒是按了几次快门，但每次按下，又摇摇头，显然很不满意。

我终于忍不住发问：“老师为什么举棋不定？”

“我试了几个角度，很难拍得好哇。说实话，这塔太普通了，既不很高，装饰也没有特色，线条又缺少变化。”

请原谅刘老师的坦率，我知道这话要是听在佛弟子耳中，定然会起波澜，这灵照塔，是南华禅寺的标志之一，是南华禅寺至今保留原址不变的最古、最高的唯一建筑，当年更是曾经供奉六祖惠能真身的宝地，岂可以普通言之？

可是，刘老师说的也对，他是完全以一个纯粹的摄影者的角度去思考这个问题。确实，从外观上说，灵照塔并不引人注目。况且，刘老师一辈子也走过不少名山大川，也见多了造型瑰丽、结构复杂、选材精美的塔，所以，一下子，他对灵照塔也是束手无策。

我便自告奋勇，说：“老师你年纪大了，行动不太方便，不如我来帮你到四周看看，看看在哪个角度才能把这灵照塔拍得好。”

于是，接下来的两天里，我一有空，就大圈小圈地围着灵照塔从不同的侧面转悠，绞尽脑汁地对着塔身比比划划。

我如此专注，除了是应承过刘老师，也是怕重蹈宝林门的覆辙——既然宝林门从不同的角度可以展现别样的风采，灵照塔为什么就不能呢？

可惜，我还是失望了。因为灵照塔，总共就是八只角、

灵照塔“灵照”之匾额为民国时期李汉魂重书。

八条边，每一面都是一模一样的，我就是转换三百六十个角度，它还是那个样子。

我也曾试过黄昏时分爬到后山的高处去构图，我也曾试过一大早等待着朝阳打在塔顶的瞬间，结果还是一样，充其量，就是为灵照塔找了不同的陪衬背景而已。

两天之后，我只好对着刘老师两手一摊，沮丧地说：“没办法，我是黔驴技穷了。”

刘老师却一脸的兴奋，说：“你是说灵照塔吗？我已经解决了。”

“啊？你已经拍了？”

“对，今天拍的。”刘老师晃了晃手上的一卷菲林，显得心情很好。

终于攻克难关了，我当然为刘老师高兴，同时也更好奇了，精益求精的刘老师究竟为灵照塔找了一个什么样的角度？

我已经迫不及待地想看一看照片了。

那个时候，数码相机还不普及，何况专业的摄影，还是全部使用菲林，得拿去冲晒出来，才能看到照片的效果。

恰好次日有事返穗，便将那一筒菲林先行冲晒出来。

可是，当我取回相片的时候，发现整卷菲林三十几张照片里头，竟然都没有一张是灵照塔的照片。

难道是刘老师给错了菲林？

马上打电话问明情况，刘老师在电话那头哈哈大笑：“没错，你再仔细看看清楚吧。”

这下子搞得我真是糊涂了，只好再一张一张地细看。

这一看，我算是搞明白了。

这筒菲林里的一组照片，角度跟平时都不一样，原来是刘老师钻进灵照塔的塔身，爬上塔顶，从最高处的小拱门探出头去拍的，视觉居高临下，照片的气势也便高屋建瓴。

尤其是有一张往山门方向看去的照片，更显大气磅礴，近景是明亮的大雄宝殿琉璃瓦，中景是繁茂的树林簇拥着寺院，远景是群山齐聚，万岭朝佛，南华禅寺的气象一览无遗，可谓是上品佳作。

我正欣喜着，刘老师的电话又来了："你可想不到吧，灵照塔本身不算特别，但你能依托它拍出特别的作品来。灵照，灵照，它分明就是一个能够照见彼岸的佛陀明师啊！"

我一边笑着，一边暗自嘀咕：这刘老师在寺里可没呆几天呐，怎么说话间就变得如此有佛性了？

禅门与人伦

从灵照塔去往六祖殿，你会看到南华禅寺里特别的一处。

在六祖殿前的那道墙上，因陋就简，象征性地做了两条红柱、半个屋檐，立了一个小小的牌位，上书“施地檀越陈亚仙祖墓”。

禅宗祖庭，为何偏偏有一处凡人祖先的坟墓？

以下便是广为流传的，导游们绘声绘色地讲述的一个故事：

相传六祖惠能建造庙宇，苦于没有土地，听说附近全都是大财主陈亚仙的土地田园，便向他化缘去了。

六祖说明来意，陈亚仙倒也爽快：“你想要多大块的地？”

惠能轻轻脱下身上的袈裟，说：“我只要袈裟能遮住阳光的那么大的地方。”

陈亚仙一看，笑了：“这么一点地方啊？行！当然可以。”

六祖说：“君子一言。”

陈亚仙眉头都不皱一下：“驷马难追！”

六祖将袈裟往天上一甩，只见袈裟越飞越高，最后迎风招展开来，将方圆几里的阳光遮得严严实实。

陈亚仙见状，天意，真是天意，没话好说了，便将土地施舍出来。

没成想，六祖的袈裟恰好破了个洞，有一线阳光，不偏不倚地漏了出来，正照在陈亚仙的祖墓上面。

而六祖也信守约定，将没有被袈裟遮住阳光的陈氏祖墓保留下来，一直至今。

南华禅寺·陈亚仙祖墓

我一直想弄明白陈亚仙究竟是何许人，可惜史料记载不多，寥寥数言而已，无从考究。

至于那个富于神话色彩的故事，当然只是传说，因为正史没有记载陈亚仙施地的具体事迹。因此，后人附会出这样一幕颇带喜剧性质的传说，既解答了为何寺里有祖墓的问题，又赋予六祖以神奇法力，为民众所喜闻乐见，当然是越传越广，越传越神了。

传说，往往也带有三分事实，不妨就让我们根据传说，理性地推测一下最合理的情节：

首先，当事人之一，是陈亚仙无疑，陈亚仙是大财主，也是确实的，否则就无从“施地”了。

其次，另一当事人，也应该就是六祖惠能。宝林寺肇建之初，是梁武帝下诏建寺的，应该不存在没有土地的问题。据史载，惠能是在宝林寺建成170年之后才来到祖庭驻锡讲法的。因此，完全有可能是因为前来听法者逐年增多，寺院亟须扩建。

但是，事件的经过，应该是这样的：

陈亚仙家财万贯，是个有钱人。有钱并不是坏事，有钱人也并不是坏人，相反，陈亚仙是一个大善人，每日里周济

陈亚仙施地功德为禅门所敬仰，特为其在南华禅寺内保留祖墓，“香火千年与寺馨”。

穷困，也常到寺里布施。自从六祖在宝林寺开坛说法之后，更是对佛法护持有加。

六祖惠能东山得法，来到韶州讲法，一时应者如云，苦丁寺院窄小，日渐窘迫，便想向陈亚仙商量，向他买些土地，以扩建殿堂。

陈亚仙本就有心为善，如今既然惠能提出，也不想售卖，只将土地布施了便是，只是陈氏祖墓就在那块田地中间，这可如何是好？要是动迁，陈亚仙极重孝道，祖墓是先人神圣之地，万不可怠慢了；要是不迁，又哪有在堂堂寺院里面供着人家祖坟的？

陈亚仙便将此为难之处向惠能和盘托出，六祖是何等样人，岂会拘泥于常理？便和颜对陈亚仙说："寺院里面供祖坟，有何不可？你一心向佛，功德无量，你百事以孝为先，更是我佛门应有之义，你的祖先便与佛菩萨一起，接受众人的礼拜，也是应该的。"

如此这般一番点拨，陈亚仙顿时醒悟。

于是，陈亚仙便将土地布施给寺院，而陈氏祖墓，也便一直保留至今。

——我想，这样一个过程，应该是接近历史真实的。

我力图还原事实，是因为我从这个事件中，看到了禅宗中闪耀的人性光辉。

很多俗世中人，常常以为出家人已经放下世俗一切，又觉得禅门戒律森严，因此总以异样的眼光看待出家人，觉得与佛门中人交往，是一件很困难的事，觉得他们不食人间烟火，绝缘了人伦。

殊不知佛菩萨皆由凡夫而来，只是通过修行和觉悟，去掉了凡夫的贪、嗔、痴等恶习，但对于人世间的友爱、孝顺、善良等美好情感，又岂会忘本？佛法亦不碍人情，佛门亦会体验世间的道理。就像这个故事中，六祖惠能对陈亚仙祖墓的处理方式，既体现了禅宗觉者的大智慧，更表达了禅门对尘世间重祖德、行孝道的思想和行为，充分理解且充满敬意。

而我常常看到游客，在陈亚仙祖墓前，自发地恭敬行礼，并奉以鲜花水果，也禁不住要为这一段禅门与俗世的一段佳话而默默祝福。

惠能很真实

灵照塔之后，便是南华禅寺中轴建筑线上的最后一个殿堂：祖殿。

祖殿，供奉着三位禅门宗师的真身。

其中一尊，就是引得国内国外无数禅门弟子，不远万里都要前来朝拜的六祖惠能真身。六祖真身前有“敕封六祖大鉴真空广照圆明禅师”牌匾。

因为六祖惠能的影响力实在太大，所以，南华禅寺的祖殿，往往也为大多数人称作“六祖殿”。

由于六祖惠能在禅宗无人不知、无人不晓，因此不妨简单介绍一下祖殿所供奉的另两位高僧大德的真身。

惠能的东侧，是憨山大师，西侧，是丹田和尚。憨山大师和丹田和尚均为明朝高僧。憨山在曹溪期间，重立丛林制度，恢复寺院产业，整理《六祖坛经》，撰刻《曹溪通志》，重兴宝林寺，被誉为“曹溪中兴”。丹田和尚，则一生默默无闻，

南华禅寺·禅宗六祖惠能真身

于史记载甚少，只知其勤修佛法，终成大器。

在所有寺院中，大雄宝殿无疑是最重要的殿堂。南华禅寺也不例外，大雄宝殿是寺内最大的一个宝殿，三尊大佛金光灿灿，威仪煌煌，周边的彩塑五百罗汉更是艺术精品。南华禅寺僧众的日常活动和重要的法事也都围绕此间进行。

那么，祖殿呢？

南华禅寺的祖殿却是无数游客和信徒最向往的一个殿堂。

因为，南华禅寺的祖殿，全天下独一无二。因为，这里供奉着六祖惠能和另两位禅门宗师的真身。

六祖开曹溪法脉，一花五叶，禅门弟子遍布天下。因此，经常可见全国各地的僧人、皈依弟子，不远千里而来，就是为了能前来参拜六祖真身，五体投地；我也曾经看到过几个国外的佛教徒，漂洋过海，从曹溪门开始，就一步三叩，一直到达六祖跟前，那份虔诚，给我留下了非常深刻的印象。

惠能禅师，在佛弟子和皈依者心目中的地位，自然神圣之至，无论他们对六祖如何顶礼膜拜都不过分。

祖殿是南华禅寺极其重要的一个殿堂，安放供奉六祖惠能、憨山大师、丹田和尚的真身。

因为这就是一种信仰，我为佛弟子和皈依者的信仰感动。

而作为一个普通的游客，又当如何？

我曾数次在南华禅寺小住，每天有空的时候就在寺院各个角落转悠，只是随意的转悠，没有什么特别的意义。当然，这样悠然的踱步，会让我心绪平静，而额外地获得写作的灵感。

这样的闲走是没有固定线路的，所以我常常会不自觉地跟着一个旅游团从山门一直走到祖殿。

旅游团中当然也有皈依者，但我这里所说的，是那些纯粹的观光者，南华禅寺对他们而言，只是旅行行程中的一个景点。

观光者中，自然有各种各样的人。有稚童，有青壮，有老者，有生意人，有知识分子，总之世间有什么样的人，这里就有什么样的人。

他们有默默听导游讲解，浏览景致，参观殿堂的；也有唧唧喳喳，呼朋唤友，一路喧哗的。

对于纯粹的观光者，天王殿也好，大雄宝殿也好，都没有什么太特殊的意义，只是大小形状不同的建筑物而已，相比之下，他们更喜欢围着千僧锅争论究竟能煮多少人的米饭。

对于纯粹的观光者，药师佛也好，阿弥陀佛也好，都不太能引得起兴趣，在他们眼里，都是佛像而已，只不过有些木雕，有的泥塑，甚至，他们根本分不清这些佛像究竟谁是谁。

我曾留意到一个浑身花哨行头，嚼着口香糖，看似玩世不恭的小青年，在大雄宝殿肆意地指指点点，一点也不恭敬。

而当他来到祖殿的时候，很明显的，你可以感觉到他的神情变得有些不同，多了几分安静，多了几分约束。

虽然，他没有像佛弟子一样行三跪九拜，但却肃然双掌合十，表情端庄地站在一旁，向六祖真身行注目礼。

我很好奇地走过去问他：“为什么你之前一直都是东张西望毫不在意，但到了这里却会对惠能真身合十礼拜呢？”

小青年眨眼间又恢复了我行我素的张狂态度，正眼都不瞧我一下，但好歹没有给我难堪，用一句话回答了我：“因为惠能很真实。”

这样的回答，让我很震惊，正想拉住他再问一问，那小青年却转瞬间消失在人群中。

真实？我开始思考他给出的答案。

真实是因为他见到了惠能的肉身吗？

是，也不是。惠能的肉身保持到今天，的确能让人能够与他有一种真真切切的接触，感受到他的存在，显得亲近。

但那小青年说的真实，显然不单指这个。

我稍稍有些明白了。

对于普罗大众，惠能是一个实实在在曾经活在历史中的人，而不是虚无缥缈的神仙；他的思想，朴素而富于哲理，让人容易理解接受，而不是玄而又玄的东西，“本来无一物，何处惹尘埃”的偈语，在普通人的生活中便可得到实证。“菩提自性，本来清净，但用此心，直了成佛”，更是为普通人修行指明了方向。

这就是真实。六祖就这样真真实实地活在你的心中。

原来普通人，对六祖的情感，不同于佛教徒的信仰，而是源自对一位平凡而伟大的老师的敬重，一如敬重孔子、孟子、老子……以及那些为人类留下了丰富的文化遗产和精神食粮的先贤。

人潮涌涌，再也看不到那个小青年的踪影。

我恍惚了，怀疑他是不是哪位菩萨的化身。

无分别心

每每心绪低落，便到南华，一路合十，中规中矩地自山门而到祖殿。

在祖殿站立良久，心神与大师相通。

风在后院吹过，叶落。

丹田颇有些不快，侧目而问：这小子又来啦？总是临难求佛，佛能帮得了几次？

憨山倒是一脸宽厚：可不是嘛，不自悟，太执着。

惠能手中无花，却一笑，朗声道：行啦，别总把苦着的脸对着我们，到后院去散散心再来吧。

我便隐约知道，这南华寺的后院，大概是先师们给安排的罢。

从六祖殿的左侧行过，出了一个小门，南华寺的格局豁然一变。

你会怀疑是否到了另一个所在——如果你初次来到南华禅寺。

不止一次看到游客或信徒在踏过那小小的一扇门之后，不由自主地仰头，环视，从心底噫发出低低的惊叹。

仰头，是因为刹那间扑进视野的水松；环视的，是那榕、那池、那殿、那碑、那亭；惊叹的，是好一个洞天福地。

整个后院，背靠南华寺的后山，左右各有山丘围拢，虚云纪念堂、伏虎

南华禅寺·千年水松

藏于后院密林之中的虚云纪念堂。

亭、卓锡泉点缀其间，树木高耸，枝叶繁茂，四季常青，几乎将天然而成的院子遮蔽而成一个绿色岩洞，偶有阳光透过绿帐，顿时化作万千光斑，洒落在脚下，令整个后院清静而不阴郁。

后院是如此的不同，与正殿构成了绝妙的反差。

从山门开始，弥勒菩萨、四大天王、韦驮菩萨、三宝殿、观音殿，然后到达南华禅寺最有分量的祖殿，跪倒在六祖惠能、憨山大师、丹田大师的真身面前，是虔诚的，是庄严的。

且不论专程前来朝拜的皈依者，即便是一个普通的游客，就算是调皮的小娃娃，或嘻嘻哈哈的年轻人，面对金刚怒目、菩萨低眉，也会自觉收束言行，略带慎微。

突然间，从佛门的威严一下子转到这秀美的画幅，你确实会有极短暂的不知所措，继而那稍稍绷紧的神经就在瞬间释放到了最自然的状态。

是的，惠能祖师们一定是看出来了，你们有些太过拘束了，放松点，再放松一点，本不必太严肃了，到后院去罢，去罢。

于是，云淡风轻，神清气爽。

我很想问问你们，这后院与正殿，哪个才是你真正喜欢的?

对于大多数选择题，一般只会得到笼统的回答：都喜欢。

“一树春风有两般，南枝向暖北枝寒。眼前一段西来意，一片西飞一片东”——这是佛印的诗，深含佛教“物我一如”的思想。我乃一凡夫，未能深了其意，只勉强懂得后院与正殿不必妄加分别，不使有你我东西之不同。所以，很

南华禅寺后院的九龙壁与卓锡泉。相传六祖惠能于此振锡卓地，泉水应声而出。此泉甘美可口，夏饮尤可清心。

多时候，对于很多问题，“都喜欢”这个答案，是最没有个性的，却又应该是最有禅意的。

但不起分别心，对大多数人而言，恐是太难了。

我猜信徒们大概希望在正殿更好地修行，一般的游客却更愿意在后院乐得浮生半日闲。

不禁想起另一首诗：“年老心闲无外事，麻衣草履亦容身。相逢尽道休官好，林下何曾见一人。”这是灵澈上人应酬刺史韦丹的诗。韦丹当时是江州的刺史，相当于现在江西九江市负责纪检监察的官员，他曾经写诗向灵澈感叹做官的难处，希望有朝一日能辞去官职，也像上人一样在庐山逍遥自在去。

灵澈上人却一点面子也不给，此诗单刀直入，语辞辛辣，快哉快哉。

这也难怪，灵澈想必早已看透，官场中人苦于庸务缠身，或耽于斗角勾心，身心俱疲，忽一日心血来潮似有所悟，或羡云之闲适鹤之悠然，自不胜心向往之，然官场必有其诱惑所在，灯红酒绿岂能轻易割舍？辞官之事一时兴起口头说说可以，要真正解脱，却还是“应是世间缘未尽，欲抛官去尚迟疑”了。官位是如此，名、利、恩、仇又岂是能轻易跳出的？

说到此处，想到事情的另外一面，又有一个疑问了。

俗语云：大隐隐于世，小隐隐于山。祖师曰：佛法在世间，不离世间觉。

却为何古人又云：天下名山僧占尽？

是不是，这分别心还在？

我若执着地问，我的分别心是肯定还在的。

山不在高

南华禅寺初称宝林寺，盖因其背靠的是宝林山。

宝林山为大庾岭余脉，起势于沙溪大宝山，至此山顶开嶂，端耸于南华禅寺之后，绵延左右呈紧抱状，宛若大象卷鼻，故称“象鼻山”。

宝林山虽不很高，却是古木参差，浓荫蔽日，凉爽之气弥漫满山。

九成的游客到了后院，被水松迷了，被卓锡泉的水醉了，便一屁股坐下，一直坐到想起来归去。

剩下一成的游客，会从西侧大榕树旁的石径，兜兜绕绕，到了另一处所在，虚云老和尚舍利塔。

这一成当中的九成，在参观完舍利塔后，也往回走了。

只有为数极少的人，出于好奇，会沿着不显眼的泥路继

南华禅寺后山一处小屋，不知哪位修行僧人留下的佛偈墨宝。

续往西边走，一直走到围墙，再折而朝北朝上，有一条并不宽的防火带，勉强可以算是上山的路。

如果你没有打算在寺里花上一整天的时间，就不要上山了，多留点时间去参拜六祖，或者读读碑文吧；如果你不想走了冤枉路却什么景致也看不到，也不要上山了，赶紧去围着菩提树转转，或者在五香亭闲坐吧。

第一次爬上后山，是因为想给灵照塔拍照找个好的角度。

第二次，第三次，以及之后的数次，却纯粹是想运动运动了。

好像也只有我这样，住在寺里，有大把时间，又不怕出

南华禅寺·宝林山

汗、不怕枯燥乏味的好事者，才会无聊得想起去爬南华禅寺的后山。

这后山，不算高，不算大。跟五岳和黄山相比，甚至不能叫山，是丘。

很多寺院都藏在名山之中，人们是登临名山之后，顺便记起还有那么一个寺院；宝林山却相反，人们是慕南华禅寺之名，偶尔会想起这形似象鼻的小山来，倒也合了“山不在高，有仙则名”的意思。

沿着防火带向上走，逐渐的，听不到人语了，只有不知名的虫子偶尔鸣叫一声又归于沉寂，抑或什么小动物在草丛中扑腾一下又了无痕踪。

在半山腰回望，很期待能看到南华禅寺的全貌，可惜，树太茂密，视线总被阻挡。

我不甘心，加快脚步，以为山顶肯定可以一览无遗。

山不高，很快也就到了山顶，可山顶的树木更加浓郁，参差着，影影绰绰，更是难窥全景。

向前望去，南华禅寺山门前地势开阔，广韶公路横穿而过，曹溪河水蜿蜒缓流。马鞍、石堡两山对峙，犹如捍门两将。南华禅寺坐落在灵山秀水之间，气势雄伟，呈现一幅佛门圣地之景，令人赞叹。而这座宝林山，便是南华禅寺的坚强后靠，意义非凡。

我不禁莞尔，我原来还在嘲笑这宝林山是沾了南华禅寺的光，却不想它还真有不凡之处哩，若非此山，却也难将南华禅寺护佑得如此严密周到。

故说究竟是寺以山名，还是山以寺闻，其实都不是。这山与寺，相互依存，彼此成全。或者说，这山与寺，本就是一体，无分彼此。

沿着山顶走约莫一刻钟，便从西边到了东边，顺着东侧的防火带往下走，又可通向智药三藏纪念堂和惟因和尚舍利塔了。

名可名，非常名

从第一道山门曹溪门进去，迎面而来的，是逐级而上的南华寺中轴线建筑群，目光率先停留的地方，便是五香亭那醒目的琉璃顶，大多数游客，会从五香亭开始，走过放生池，到达第二山门、大雄宝殿、观音殿、灵照塔、祖师殿，最后走到后山，走到卓锡泉，便算是走完了整个南华寺的中轴线了。

是的，走完了中轴线的建筑，从某种角度而言，也算是走完了整个寺院了。但是，如果只是这样，你就走得太匆忙了，不如，静下心来，听我跟你说一说南华寺另外的一些所在，这些所在，会让你的南华寺印象更加完整。

今天要说的这个所在，很容易被人忽略。因为，它就是一处普通的林子罢了。

好吧，从头开始，你走过第一道山门，把目光从五香亭

南华禅寺·象园

的琉璃顶收回，选择往右边去，便会到达象园。

说是象园，其实当初是一个“未名”的园子。象园，是我给它取的名字，没有官方的认可，也不见有一个标牌写着立在林边，但不管如何，我是这样称呼这片林子的。

这片林子的范围，北至长廊，南抵中山亭，西临中轴建筑线，东靠佛学院，并无围栏屏蔽，只能算是一块平地，由小径、走廊、建筑自然地划出界来，称为“园”也未尝不可。

这片林子，并不茂密，也不稀疏，算是恰到好处吧。当清晨起来，半带混沌，来到这片林子，恰好朝阳从宝林山巅探出头来，将阳光斑驳地撒在你的身上，便不由得精神一振，完全醒了过来。倘是冬天，定是浑身舒畅，暖意融融；若是夏天，亦不觉燥热，此时如果有雾，则美至极矣，可见一道道光柱，如同一匹匹鹅黄色的半透明纱缎，被仙女们使出法力，从半空中轻轻抛出，却是既直且柔。

此前林中并未整饬，为纪念建寺1500年，将杂草稍加梳理，尽量保持原貌，并摆置了十来张石凳。石凳的凳脚，被雕刻成了小象的模样。

石象雕得并不精巧，凳的做工亦不精美，我不甚喜爱。但欣喜的是，象的形象，与这林子却是再合适不过。

象本是佛门祥瑞，倘若那石雕的小象，哪一天幻化成真的幼象，徜徉林中，我想，大概我也不会感到惊奇吧。

彼时，我常在傍晚时分，与方丈踱步至林侧，散心闲谈。

一日，我问："此林可有名？"

师曰："未曾命名。"

我道："既有石雕小象，不如叫百象园，如何？"

师曰："石象十数只而已，数不足百。"

我道："既如此，名之象园，如何？"

生死同根，生死同参。

位于象园南侧的中山亭，纪念在北伐时期与南华禅寺结缘的孙中山先生。

师默然，微笑。

我再问：“如何？”

师沉吟，微颔首：“象园……便象园罢。”

我一时释然，正待接腔，师又道：“吾知你对此片林子颇多喜爱，如今就按你的心意命名为象园，你当然自觉欣然，然而若此林名之龙园，或虎园豹园，你便又当如何？”

我稍加思索，说：“若是龙园，或虎园豹园，我喜爱此林的意思是一点也不会变。道家常说‘名可名，非常名’，我不执着一定要称此林为象园。但佛家常讲‘缘起’，此林中石凳，既已雕有小象，而非虎非龙，名之象园，倒也颇合因果之道。”

大师闻之，终究不再沉默，露齿哈哈一笑，便另起话题。我不明就里，权当是赞许了。

荷担未来

传正大和尚住持曹溪之后，最为宽慰的，是收回了寺院主体建筑以东的200多亩山林土地。

土地收回后，原先用地日益窘迫的禅宗祖庭，便有了腾挪之地，大和尚旋即落子布局，平整地基，兴建曹溪佛学院的教学楼。

教学楼动工不久，某日黄昏，随传正师漫步而行，不觉间行至工地附近，遂前去一探究竟。

其时天色既暗，日间挖土的机器和劳作的工人都已停歇，偌大一片空地，杂草丛生，显得尤为落寞。佛学院奠基所在，距寺院中轴建筑约一里有半，孤零零的，形单影只。

见此情形，我不禁叹一口气：“这里也真是太过冷清了。”

传正师说：“佛学院本是修学之处，就是要耐得住寂寞和冷清，有何不可？”

联结南华禅寺主体建筑与曹溪佛学院、息心园的长廊。

长廊造型精美，步移景变。

我仍不免有些感叹："可是，佛学院建在此处，远离寺院，终究似离群孤雁了。"

传正师摇了摇头，说："不妨碍，不妨碍。"

又伸手斜斜地往侧面的地下一指，说："由此处开始，可建一长廊，蜿蜒连接寺院和佛学院，既可为往来两处法师学僧们遮风挡雨，又可平增一处景致。"

我目光随传正师的手指而转，大和尚其时成竹在胸，一石一木业已全在脑中筹划，可惜愚钝如我，面对空空如也的一片空地，却无从想象大和尚口中所说的长廊是何等景象，只张口结舌，接不上话头，唯唯诺诺，不了了之。

不日离寺，回到凡尘之中，俗务缠身，真是光阴似箭，日月如梭，转眼间又一寒暑。

——再访曹溪时，长廊和佛学院教学楼都已落成。

长廊的起点，在斋堂之外，象园之畔。为两层飞檐，张眼望去，在其后，一轮红日升起，令到原本绿油油的琉璃瓦和暗红的檐梁，都失却了原有的颜色，定格成了剪影，只勾勒出了个轮廓，显得更有气势，宛若巨龙，高昂着头。

沿着长廊的起点，缓步往前。

长廊宽约五尺，高一丈，长一里有半。在长廊内笼的木檐和顶部，均雕画一些佛教图案。长廊两侧各有一排，既是栏杆，又作长凳，可供游人小憩，可供僧人静坐。

长廊的地面，全用鹅卵石铺垫，赤足踏上去，最是舒服。

往前行，右侧，正是林木错落有致的象园，一片宁谧，偶尔一两声鸟鸣，更增幽静；左侧，有一个湖，有一残桥，将湖分开两边。围着湖的周遭，是高且直的树，瘦长的主干，直插天空。另有从左右长出的旁枝，却是另一种风格，曲折奇峻，掩衬之下，更显得湖的秀美。

从长廊看宝林山，是一个最好的角度，距离不近也不远，地势不高也不低。闲坐在长廊一侧，近景是湖水微澜，远景是蔚蓝天空的大朵白云，宝林山正处近景远景之间，显得稳重而大气，清新而不压迫。

漫步在长廊之间，偶尔会迎面碰上一两个法师或学僧，未待走到你的面前，就已双手合十，口念“阿弥陀佛”，向你致意。你也合十点头，互致问候，就在这一施礼间，友善便传达了，愉悦便弥散了。

不觉间，你已走到长廊的尽头，再往前行，绕过惟因老和尚纪念堂，便是曹溪佛学院的教学楼了。

此时，若是傍晚时分，你也许会看见教学楼前，有几个半大的小学僧，正拉起网，你来我往地挥动球拍，在打羽毛

南华禅寺·惟因舍利塔与曹溪佛学院

球。在他们的脸上，洋溢着孩子般纯净的笑，如果不是他们身着僧袍，你大概会觉得是你的邻家小孩在玩耍。

倘若此时正是授课时间，整个教学楼，都显得静悄悄的，唯有佛学院老师的讲课声和学僧的答问声。

悄悄地从窗缝看去，只见学僧们一个个正襟危坐，全然没有了嬉戏时的热闹，或是全神贯注地听讲，或是若有所思地阅读经典，有些年纪较小的学僧，即使脸上仍是稚嫩神色，也已初显法相尊严。

而佛法，正是由这一代又一代的僧人，传承发展，又有谁能断言，在这一批孜孜不倦，求学问道的学僧中，就不会出几个高僧大德？

南华禅寺·息心园

看着传正师一手创办的曹溪佛学院，我再回首看那弯弯的长廊时，那来时看到的两旁景致和感受，便都淡化了，甚至虚无了，只剩下这长廊本身，却愈发的清晰。清晰的不再是长廊的具象，清晰的，是它的本质。这长廊，分明就是一根长长的扁担，一头挑起南华禅寺的现在，一头却荷担着禅宗祖庭的未来。

——又是若干时日过去。

当我再一次走在长廊之中，又有了意外的发现。此时的长廊，除了原先连接寺院和佛学院外，又多了一个分岔，从中段往南边延伸出半里地，走到尽头，便到得另一处：息心园。

息心园，是一处什么所在？在功用上，它与曹溪佛学院颇有异曲同工之妙。佛学院，是培育未来僧才的圣地；息心园，却是专为与佛教有缘的社会人士和那些亲近佛法的居士而准备的。

在息心园里，参加“禅悦行”夏令营的团员们在此体验丛林生活；颇有成就的专家学者们在此静心参悟。息心园，是寺院与社会的一个纽带。

而此时的长廊，又像是变成了一条脐带。一边连接着母体——寺院的主体；一边连接着孪生的胎儿——佛学院和息心园。

伫立于长廊中，想起当初传正师的运筹，想起长廊的从无到有，想起长廊在整个大南华格局中的功能，我不禁折服于传正师的高瞻远瞩了。

曹溪本无水

只不过喝了一口水
就奠基了一个法门
延续了一千五百年的传承
曾经的浪涛涌涌
如今的细流涓涓
即使再不愿意去面对
那也是沧海桑田的一个轮回

“曹溪，位于韶州之河，发源于狗耳岭，西流与溱水合”——我对曹溪的认知，停留在遥远的南北朝。无数次，翻读历史，掩卷而思，总是想象着曹溪的宽阔清澈，总是那闲躺竹筏之上，一任流行坎止，悠然相看象山的闲适安逸。

这是一条如此闻名的曹溪，我希望能够找到史书中记载

“曹溪”源远流长，已成南华禅寺的代称。

的那一条让人着迷的曹溪。

——可这便是曹溪吗?

步出南华寺山门广场，闪躲着呼啸而过的车辆，越过广场前面的G106国道，确实有一条小溪，可惜，溪水既不清澈，遑论甘甜?它现今唯一的功能，便是作水利灌溉之用罢，况且，因为干旱，溪水几近枯竭，岂能行船走舟?

很遗憾，第一次有意识地在现实中寻找曹溪的时候，我是如此的失望。

世间人，总希望看到事物由寡而多，由稚而壮，而不愿意看到由强转弱，由大转小。

我也不例外，所以才会为曹溪而心生感慨。

我总不愿意相信这就是曹溪，它那么小，那么浅，怎么可能是那一条源远流长的曹溪呢？

但这毕竟是南华寺附近唯一的一条小溪，如果它不是曹溪，曹溪又在哪里？

我心有不甘。

次日清晨，沿溪而下，水面稍宽。其时朝阳蓦地从宝林山东边跳出，一颗颗水花闪烁着星芒，原本静谧的溪流，瞬间生动了。

嗯，这才有点像是曹溪。

我在溪边席地而坐，轻轻合上眼，思绪仿佛回到1500多年

日出宝林映曹溪

前的那一天。

耳边，原本急促潺潺的水声变得和缓，有几声脆脆的嬉笑声传来。不禁好奇地睁开眼，视线逐渐由模糊而清晰。

蓝的天，白的云，清爽的空气！

曹溪的河面变得很宽，有几只小艇悠然飘过。近岸处，三五头水牛深深的泡在水里，只露出一对眼睛和两只角，几个半大小孩，以水牛作为屏障，在互相泼着水，那嬉闹声，便是他们发出。

远处的山，分明就是一只大象的影子。对了，那就是象山，那就是宝林山。

对，那是宝林山，可是……宝林山下的南华禅寺呢？

宝林山下，一片平坦，树林郁郁葱葱，似有雾气缭绕，一切都显得非常熟悉。只不过，本该雄踞宝林山下的南华禅寺，却了无踪影。

目光所至之处，旷野无言。在河的上游，只有宝林山侧有一处村落，有几个农人在田里耕作，村里鸡鸣犬吠之声，远远的随风送来，若有若无，倒有几分陶令采菊东篱下的意境。

我寻思半晌，若有所得，便问水中小童："彼处是何村落？"

一童一边躲开同伴的泼水，一边高声应道："此乃曹侯村也。"

曹侯村？我心中一动，又问："如此说来，尔等可是姓曹？"

几个小童停住打闹，浮出水面，曰："然也，吾等乃魏武侯之玄孙是也！"说罢便一个个光着身子，摆出一幅上阵杀敌之姿态，倒颇有几分其祖宗曹孟德横槊赋诗的神韵。

又问："此水乃曹溪无疑？"

答曰："正是。"

我大喜，正欲与小童探听更多，忽闻远处曹侯村似有人声鼎沸，附近田里的农人也急急往村里赶。

如此一个与世无争之村落，难不成还有什么怪异的事情发生?

几个小童也颇为疑惑，一把拽起各家的牛，吆喝着沿着河堤一路往村里走去。

我正想探个明白，便亦步亦趋跟着这群牧童。

入得村中，只见整条村子的老老少少在晒谷坪围了一圈又一圈，被围在中间的四五个人，均身披袈裟，露半臂，原来是几个僧人。

只见这些僧人肌肤黝黑，与中土人士大异，显然并非汉人。此村偏处一隅，村民从未见过异族之人，自然甚是惊讶，一个个评头论足，甚至有调皮小儿踮起脚在拉扯僧人身上的念珠。

中间一僧，身形高大，满脸浓密胡子，脖子上挂着一串硕大佛珠，一如《西游记》中的沙和尚。

几个僧人默立着，而村民们却一个个按捺不住七嘴八舌地问：“你们是谁？从哪里来？所来何事？”

一时间，人多嘴杂，更兼几条黑狗一个劲地对着僧人们狂吠不止，根本听不清，炸了锅似的。

只见中间那僧人和缓一笑，双手合十，缓缓念了一声佛号：“阿弥陀佛。”

顿时，时间好像凝固了一般，村民们张口却忘言，黑狗也温驯地摆了摆尾，不再呼号。

这一声佛号清晰悠长，不但是我，连村中之人亦听得一愣。

因为这一声佛号，既非异族梵音，亦非中土官话，却真真切切就是刚才那群牧童和村民的口音，是此处曹侯村一带的方言。

此僧定有神通，我略略一呆之后，刹那间蓦然醒悟，顾不得礼数，用手指着那僧，张口结舌："尔可是……可是智药三藏尊者？"

那僧人看着我，似早已认识，便一颔首，缓缓而言："贫僧正是智药，你既知吾名，你该不是此地之人，你该不是此时之人。"

我合十回礼："善哉。尊者既从西域而来，何不为我等开曹溪法脉？"

智药也不多言，向村中一老者道："曹溪何在？贫僧口渴了。"

那老者白眉鹤发，看情形应是村中族长仁翁，指着村前头说："长老且随我来。"

在村民的簇拥中，我跟随尊者和几个随侍，到得曹溪边。

尊者俯下身去，轻轻捧一掬溪水，美美地喝了一口。

那盈盈一掬曹溪水，在尊者的喉咙里回转，清且洌，有点甜，沁人心脾。尊者大喜，忙向随行侍者说：“此水与西天之水无异，想必是如来佛祖所赐，你们都喝一口试试。”

侍者争着掬水而饮，同声赞叹：“善哉，善哉，这溪水如此甘甜异常，此处定是宝地。”

尊者又掬一捧水洗净脸上的尘土，望了望远处的象山，不由赞叹：“山环水绕，峰岚奇秀，如同西天宝林山一般，堪为沙门修道之所。”

转而向村民说：“尔等可呈韶州牧，此地可建梵宇。”

村民们面面相觑，似有不信。

我对众人道：“这是西域得道高僧，就按他所说的去向州官禀报，韶州牧侯敬中和当今天子梁武帝一定照准。不用三年，此处就有佛门道场，可祈风调雨顺，五谷丰登。”

村民仍是将信将疑，只见那鹤发老者道：“今日得见长老，恍似天外来客，定有神通，就请在此村羁留几日，为我等说佛讲法。”

智药尊者道：“贫僧正有此意。”遂与侍者们随老者入村而去。

我道：“尊者且慢，我有一事相问。”

南华禅寺·智药三藏纪念堂

智药却并不停步，且行且道：“何事？”

我跟上前去，道：“尊者看此刻之曹溪，水面之阔，约十丈有余，波涛涌涌，而我所在之时，已近枯竭小溪，此曹溪是彼曹溪乎？”

尊者突然停住，却是一改慈容，屈指在我额头迅速重重弹了一下，怒而发问：“曹溪本无水，惠能难道就没跟你说过吗？”

尊者这一指，令我痛彻心肺，眼冒金星，不知所措。

再睁眼时，却已是水声潺潺，汽车呼啸，南华在望。牧童、老者，却如梦幻泡影。

曹溪本无水，是的，菩提非树，曹溪无水，我居然给忘了，真是该死。

现在看到的，是曹溪；一千五百年前的，也是曹溪，一千五百年前的一千五百年前，还是曹溪。

你看不到曾经的曹溪，曹溪却哺育过曾经的人。

又何必自寻烦恼，去管它有水无水、水深水浅？

放下吧。

寻找源头

释迦牟尼问弟子："如何才能让一滴水永不干涸？"

孤零零的一滴水，一阵风能把它吹没，一撮土能把它吸干，其寿命有几何？怎么会不干呢？

…………

面对佛祖的脑筋急转弯，弟子们一时面面相觑。

释迦牟尼自问自答："让它流入大海。"

传说的故事到此戛然而止。自然，弟子们五体投地。至于其中的玄机，你有什么样的经历，就有什么样的答案。

愚钝如我当时在场，定然要多事的问上一句："如何让一滴水流入大海？"

当然，我一开口便后悔了，为什么总做些画蛇添足、狗尾续貂的事呢？佛祖在讲述如此有哲理的问题，朦朦胧胧就好，世间万事万物皆可指嘛，我怎么偏偏要将其具象呢？这不把意境打破了吗？这不成心捣乱嘛。

佛祖盯着我，神色严厉。其他弟子们也纷纷望着我，不敢出声，课堂上气氛很是尴尬。

我只好自说自话："呃……呃……这滴水……这滴水总该跟另几滴水先汇聚在一起，总得……总得有个源头才是，呃……呃……"

我一边支支吾吾，一边略带惶恐地望着老师。

佛祖收回了严峻的目光。

我长舒一口气。

是的，不管曹溪水深水浅，它总是有源头的。

曾经看到过一张题为"曹溪源头"的照片，图中有一个瀑布飞泻，有一僧面朝瀑布在打坐参禅，意境高远，不禁心向往之。

一直想打听图中这个源头在哪里。

找个机会向传正师打听，传正师语焉不详，只说："问法藏去。"

法藏何许人也？

其时法藏是南华禅寺里很有趣的和尚中的一个，现在已经离开了曹溪，我常念叨他。

那个时候，法藏是大和尚的侍者，也不知道他年岁几何，只觉着他像小兄弟。问他什么事的时候，也不说有或没有，能是不能，总是先憨憨地笑。

关于法藏，有两个画面是很深刻地印记在我的脑子里的。一个是他戴着NIKE的太阳帽和墨镜，摇头晃脑地对着电脑狂练五笔字型；另一个却是他神情肃然，素袍纤手，为我泡一壶很见功夫的功夫茶。

跑题了，既是说曹溪源头，那法藏的事，且按下不提，有机会再表吧。

大师让我找法藏，便逮着他稍稍消停下来的时候，笑嘻嘻地拿着照片走过去问："这源头的瀑布你去过吧？"

法藏摸了摸青青的脑皮，狡猾地说："噫……"

听他拖延着腔调"噫"了半天，我只好逼问："出家人不打诳语，你肯定知道的，我看照片中的那个小和尚就是你。"

法藏无奈，只好胡乱用手一比划："就在东边一条小路进去，具体在哪……时间太长了，我也记不清楚了……哦……我得去一趟客堂，那边有事正找我呐。"

没等我答腔，便溜了。

我哭笑不得。法藏这家伙，有很多寺务缠身，这倒不假，但这一次，我看是"方便妄语"居多，他定然是懒惰，此时又是正午，骄阳似火，十二万分不愿让我抓壮丁。

心有不甘。越几日，清晨，难得在酷暑之时有一丝凉意，不容分说拽住法藏：“跟我走一趟。”

开车出寺门往东，约一里地，转而往北，入一土路，初行尚算平坦，再往前走，却是乱石崎岖。

路是越来越烂，景却越来越好。树林郁郁自是不在话下，难得的是偶有几声鸟啼，更增几分空灵。

我问：“到了没？”

法藏在车里探出身子张望，说：“我是真不记得了，不过你看这山丘走势和林木的分布，应该很快就能找到水源了。”

我大为惊奇：“你还懂得堪舆？”

法藏仍旧是咧嘴一笑：“略懂。”说罢便跟我讲了一大堆风水原理，大有想收我为徒之意。可惜我一边小心翼翼开车，一边挂念着找源头，基本就没听他说什么。

说话间，远远的就听到有水声，看来法藏还是有两下子。

前面的路断开了，停车，步行再往前。

听着水声的方向摸索着，随便找了个伐木人出没的小径而下，终于见到了照片中的瀑布。

落差约有六七米，水声甚响。周围是大树环绕，好一个洞天福地。

我一时兴起，仿照图中僧人坐在那块石上，面对飞瀑，盘腿而坐，希冀能收摄心神，体验虚无的世界。

听松观瀑（马寿民作品）

却总也静不下来，耳边总是传来那不绝的水声，而且越是想安静下来，水声却愈大，如同一顽童在你旁边恶作剧般的不停骚扰。

越来越烦，忿忿然站了起来。

法藏却在一旁笑道：“心欲静而水不止，假模假式。”

我反唇相讥：“莫看你照片中正襟危坐，想必也是作个样子，水声这么吵，你能静下心来？”

法藏却不反驳，只吐出三个字：“子非鱼。”

我一时愕然，无话可说，只好换个话题：“你说这算是曹溪源头吗？”

法藏反问：“你说呢？”

这绝不是源头，充其量是更靠近源头。瀑布前边有溪流，溪流前边就必定还有更小的水流，要想找源头，只能再往上，行至水穷处。

不过不打紧，源头，只是一个名称而已，这个瀑布，就当是曹溪源头，亦未尝不可。

真要深究的话，源头又在哪？源头根本就不存在，源头是无数滴水组成，而一滴水是无数个水分子组成，水汽分解上升而成云，风云际会而成雨，倾泻而下又成水滴。

曹溪的源头，只在这片天空，只在这片土地。

当下的快乐

菩提，梵文Bodhi的音译，意思是觉悟、智慧。

菩提树，拉丁学名*Ficus religiosa*，是一种桑科榕属（又称无花果属）植物，释迦牟尼曾在此树下静坐七天七夜豁然开悟终成佛陀，因而得名菩提树。

我常在想，如果2500多年前，佛祖是在一大丛狗尾巴草中间大彻大悟，我们今天名为“菩提树”的树，只会被叫作“无花榕树”，或者是其他什么既拗口又难记的名字，而现在我们颇为不屑地叫作“狗尾巴草”的，也许会遍布在各个寺院，迎风招展，被尊崇地称为“菩提草”。

一切都是注定，佛祖坐在了菩提树下，而不是狗尾巴草旁边。

菩提树，高大挺拔，冠幅广展。树高可达30米，余荫面积可达几百平方米，叶阔而形美，呈深绿色，而且不易沾灰尘。既长得堂堂正正，又颇得人喜爱，即便没有佛祖在树下成道的因缘，也已然有三分圣树的气质。

南华禅寺藏经阁的东西两侧各有一株菩提树，均长得茂盛高大，树影婆娑。东侧的菩提树斜对着阅览室的门口，这天，翻书翻得闷了，就走出来透透气，坐在菩提树下的石凳上，吹吹凉风。

这天游客颇多，虽已近黄昏，仍是人头涌涌。

正好有个旅游团来到菩提树下，导游是个女孩，约莫十八九岁，正是花样年华，穿着件浅绿色衬衫，看起来很有活力。

南华禅寺藏经阁两侧各有一株菩提树，树高参天，与灵照塔同指云天。

她高声召集团友："大家看，这就是佛教中有名的菩提树，当年释迦牟尼佛就是在菩提树下成佛的，六祖惠能也有一首诗，是跟菩提树有关的，有谁知道是什么诗吗？"

一众游客七嘴八舌：菩提本无树，明镜亦非台……

突然有个清脆的童音说："我也会背这首诗！"

大家都静下来，原来是个抱在妈妈怀里两三岁大的小男孩。

绿衫姑娘走上前去，说："小朋友真乖，好吧，就请你来给大家朗诵这首诗，好吗？"

小男孩嗲声嗲气："菩提本无树，明镜亦非台。本来无一物……本来无一物……何处惹尘埃。"

"哇，小朋友真棒。"绿衫姑娘一脸的笑意，带着大家纷纷鼓掌，小娃娃很不好意思，一把将脸埋在妈妈怀里，又是惹得游客一顿大笑。

导游接着讲解："佛祖释迦牟尼原是古印度北部的一个小王国的王子，他毅然放弃舒适的王族生活，出家修行，寻求人生的真谛。经过多年的修炼，终于在菩提树下静坐了七天七夜，开悟成佛。所以，菩提树被佛教视为圣树，如果大家围着这棵菩提树顺时针转上三圈，便会保佑大家一生顺顺利利，吉祥平安。"

谁不愿意平平安安呢？十几个游客，有老有少，有男有女，迅速排成一队，围着菩提树转圈，年轻的边转圈边和同伴嘻嘻哈哈打闹，年长些的便双手合十，有的还口中念念有词。

等大家都转完三圈，导游又说：“大家可以在这里等一等，如果有风吹过，菩提树会掉下叶子来，如果谁能够在叶子掉在地上之前接到，就会带来幸福好运。”

导游这么一说，转完圈三三两两坐在石凳上稍作休息的游客，立刻又活跃起来，一个个站起来，仰起头等待好运降临。

不一会，恰好一阵风吹过，掉下来几片叶子，大家都争着想去接住。可是叶子随风而动，忽左忽右，就是不让人接住，全都掉在地下了，引来大家一片遗憾的“唉啊”声。

又一阵风吹过，又掉下来几片叶子，又引得大家争着去接。刚才背诵佛偈的那个小男孩，也央求着妈妈把他高高举起，小手挥舞着，想要把叶子抓住。

自始至终，我都坐在石凳上，一动没动。像这样围着菩提树转圈和接菩提叶子的游客，我是每天都可以看到很多回的。

难道转了三圈、接到叶子，就真的会一生平安，吉祥好运吗？——我忍不住想为难一下这个绿衫姑娘。

游客们兴致高涨地比赛谁能接到菩提叶子，导游姑娘正好站在一旁没事，我问她：“你刚做导游不久吧？”

偶有菩提叶随风而落，引得游客心旌摇动。

“是啊，才一个月没到呢。”

“哦，怪不得那么有激情，讲解得不错。”我表扬她。

“谢谢。”她露出笑脸。

“你说围着菩提树转几圈，接几片叶子，就能带来好运，这不是迷信吗？”我开始提问了。

“迷信？”她一下子怔住了，仿佛从来都没想过这个问题。

“你这不是在骗他们吗？天底下哪有这样的好事？”我继续逼问。

在此之前，绿衫姑娘是一直关注着游客们的状况的，直到此时才转过脸望了我一眼，很诧异地说：“你这人也想太多了吧？难道这些游客们都是傻的笨的？难道他们都以为随便转转圈就能万事大吉吗？没人这样幼稚的。但是你看，他们玩着笑着围着菩提树转圈，跳着闹着接菩提叶子，不是很自在，很快乐吗？”

绿衫姑娘刚刚说完，就听游客中一阵欢呼雀跃，接着又传来那小男孩脆脆的童音：“我接到喽，我接到喽。”

小男孩的小手抓得牢牢的一片菩提叶子，游客们都在给他欢呼，妈妈脸上也满是幸福，在娃娃的小脸上亲了一口：“宝宝真棒。”

望着这群开心的游客，再回味着绿衫姑娘刚才的话，我不禁也笑了，世上本无事，我这个庸人是自扰之喽。

就在当下，他们不是已经得到了好运了吗？

一声断喝

六祖避难石，位于南华禅寺西南方约三公里的大旺山的山脊之上，当地村民俗称避难石为“仙人石”。

避难石由三块巨石组成，最大的一块石头中间，有一凹处，大小仅容一人蜷缩其中。相传六祖被恶党寻逐，遁于大旺山上，恶徒纵火焚草木，六祖藏于石中凹处，幸免于难。

如今巨石之凹处，可见金黄色条纹，据说是六祖避难之时所穿袈裟留下的金缕衣纹痕迹。

出寺门，越国道，过小桥，沿乡间小道往西南行，经几处村落，直至临近京珠高速公路，路的尽头，有一山径，疏于维护，两旁草长树多，若非六祖圣诞，此处门可罗雀，基本上不会有人前来凭吊。

从此而上，健步者不出一刻钟，便可看到山腰之中的避

六祖避难石

难石。

说是有三块石头组成，其实挨得很紧，分明就是一块石。

此石高不过两丈，长宽亦不过两丈，本算不上巨大。但突兀地出现在此小山丘上，如同飞来之石，虽说石头本身平平无奇，但在南华禅寺周围的山丘上，却是罕见。

说起来，惠能可真是与石头有缘。《六祖坛经》就有两

避难石中的花纹相传是当年六祖所穿袈裟的金线所印。

次提到石头。

其一是惠能在得到五祖印可，以衣钵相传之后，一路南行，走到大庾山附近，即将被跟踪前来的惠明追上时，惠能干脆不走了，就地在一块石头前停了下来。

《六祖坛经》这样描述：“惠能掷下衣钵于石上，曰：‘此衣表信，可力争耶？’”，结果是“惠明至，提掇不动”，六祖便顺势点化惠明。

要知道，惠明出家之前是大将军，断然不可能连一件袈裟和一只吃饭的钵都提不起来。很显然，惠明虽然奉命来追六祖，原非本意，而且他一直以来就为六祖的法理所折服，因此，当六祖把衣钵扔在石头之上，断喝一声，惠明理亏，心生惭愧，自然只有作势去提掇衣钵的表面动作，而绝无取走衣钵的实际行动，所以才会“提掇不动”。

而另一次提到石头，讲的就是这避难石的事了。

这一次，发生在六祖驻锡宝林寺开坛讲法之后，当时惠能已经受到韶州官员和民众的拥戴，仍不断有恶徒前来寻衅，可见当时弘法之艰难。自古磨难出英雄，六祖确实是在不断的化解和躲避灾难之中，成长为一代宗师的。

我站在避难石跟前寻思，石头其实并不大，如果藏在此处，真有人跟踪而来，应该是很容易可以找到惠能的藏身之地的；就算草木茂密，那恶徒一时找不着，一不做二不休，放火烧山，那么，石头的凹处，就那么一点容积，怎么可能避得过火燎烟熏？

当然，佛力不可思议。

但我作为普通人，我更愿意用普通人的逻辑去推测。

所以，我断定，六祖惠能在避难石旁，也是没有躲藏的，而是像上一次在大庾山一样，从容地站了出来，面对恶徒一声断喝晓以大义。

而寻衅的恶徒之中，怕也不乏像惠明一样，早已有追随六祖之心，只是迫于无奈而已，现在六祖主动现身，一身胆识和正气凛然已让他们自惭形秽，六祖再施以点拨，说不定这群恶徒当即放下屠刀，立地成佛了。

我浮想联翩，仿佛我就身处其中，亲眼看到了六祖收服恶徒，想到此处，我不禁脱口叫了一声“好！”。

喝彩声在避难声前回荡，我才蓦然醒觉，此时日已西沉，暮色汹涌，而我却是独行至此。

便合十礼拜，急急下山而去。

下到一处浓密阴暗处，心想如果此时有恶人挡道，我将如何？

既已避无可避，我是不是学六祖惠能一声断喝，可是我现在胆气已怯，又无六祖惠能的底蕴，凭什么收服恶人？

转眼间到了山脚，已容不得我自寻烦恼了。

不看僧面看佛面

清朝的几个皇帝，顺治对佛教是没得说的，且不管他到底出没出家，从他那句“百年三万六千日，不及僧家半日闲”的诗，可见他对僧伽生活还是挺向往的；康熙雍正这两位，也算是对佛教礼遇有加。

唯独乾隆老儿，也不知怎么回事，一开始对佛教是看不顺眼的。

话说有一回乾隆下江南，微服到普陀山。

刚一进山，便有三五个僧人纠缠着他，嘴里念着“阿弥陀佛结结缘”，伸手便向乾隆要钱，还没等他回过神来，那几个和尚便半乞半抢地把他身上的几锭散银子给“化”去了。

这倒也罢了，没成想乾隆转了一圈，又看到那些个僧人竟然一边喝酒，一边在用化来的钱一起高声聚赌。

乾隆大怒，回到宫后，对太后说起此事，还忿忿然余怒未消，想要派兵杀了这几个僧人。太后连忙劝阻：“不过是几个不具僧相的出家人而已，怎么能就此迁怒佛门呢？佛功德不可量，不看僧面看佛面啊。”

不久，乾隆再到普陀，发现那几个僧人不思悔改，变本加厉，便怒而斥道：“你们这样吆五喝六，还像个出家人吗？”岂料为首的僧人还振振有词：“我们这是罗汉境界，就是皇帝老儿也管不着。”

乾隆心想：我管不着？我回去就发兵杀你们的头，看我管着管不着。

回到宫里，太后又来劝阻：“不要为这一点小事，动嗔心，起杀念，还是那句话：不看僧面看佛面啊！”

乾隆三访普陀，暗暗布置了兵马，如果这班僧人仍然不改前非，杀无赦。

进得山门，迎面又见那几个僧人在聚赌，这次更过分，还有一个尼姑在里面坐庄，看到乾隆进来，还招呼他赌几把。乾隆心想，这等死到临头的东西，且陪你们玩上几把。

不料三两把过去，乾隆便把身上的银子输个精光。乾隆输红了眼，脱下身上的袍子押上，结果又输了，那坐庄的尼姑一把披上乾隆华贵的袍子，问：“小子，你还有值钱的东西来赌吗？”

乾隆气得一佛出世，二佛涅槃，做个手势，暗藏的兵马便杀将过来。

南华禅寺·观音塑像

聚赌的僧人尼姑见势不妙，夺路而逃，一股脑窜到大殿里。

乾隆一见，哪里肯放过，亲自带着兵勇追杀进了大殿。

一进大殿，殿里静悄悄的，除了观音菩萨和一众罗汉的塑像，哪里还有一个僧人尼姑。

乾隆正纳闷着，旁边一个将军却指着观音菩萨，颤巍巍地说：“圣上……你看……你看……”

乾隆看了一眼，唉啊我的天呐！只听得“扑通”一声，皇帝老儿跪倒便拜。

原来乾隆刚刚赌钱输给那坐庄尼姑的袍子，此时正披在观音菩萨身上……

南华禅寺藏经阁的东侧，有一间阅览室，不大，不过二三十平方米而已。

阅览室虽然不大，各种佛教刊物倒是摆放得齐齐整整，除了南华寺曹溪佛学院的月刊《曹溪水》，还有各省佛教协会或寺院的交流读物，这些佛教读物，虽不是什么典籍巨著，却因为刊录着当代僧人、信徒、文人骚客对禅的点滴感悟，更为接近世象，通俗易懂。所以，也便斯是陋室，惟其德馨了。

游客如果走得累了，不妨在阅览室小坐一会，权当歇歇脚，有兴趣的话，随意翻阅一下，或有所得。

前边这个乾隆三访普陀山的故事，是我在阅览室不经意翻阅的一本刊物上看到的。当然，我用白话文翻译了过来，并稍加演绎。

看完这个故事，我不知道应该怎么理解。事实上包括禅宗的很多公案，我都是一头雾水，弄不明白。

什么叫“不看僧面看佛面”？难道平常看到那些不守清规的僧人尼姑，都要当作是菩萨罗汉一样恭敬吗？

想不通。

想不通，干脆不去想，再接着翻看其他的书。

又看到了拾得和尚的一首诗。

拾得是著名的诗僧，最擅长以通俗语言，作佛门醒世之语。

这是拾得和尚的《我见》前两句：

“我见出家人，总爱吃酒肉。此合上天堂，却沉归地狱。”

呵呵，原来，连诗僧自己，也都知道佛门之大，总有些不守清规的出家人。拾得和尚的这首诗，就是以他亲眼所见，数落了一些所谓出家人吃酒吃肉、沉归地狱的事实。

可见，那些个坏和尚，总会落得咎由自取，堕入因果循环的下场。

但为什么观音菩萨要这样捉弄乾隆呢?

大概是因为观音菩萨洞悉法久生弊，确实有个别佛门败类做出了许多不是之处，而偏偏乾隆杀心太盛，为了一小撮败类而降祸整个佛门，才作法警示吧。

如同社会团体中的成员有贤愚之分，佛教徒中也难免良莠不齐，忠奸并现，总有那么一些不守佛戒的劣僧。但倘若因为这些害群之马而将整个佛教都怪罪在内，岂不是一叶障目，不见泰山?这就是“不看僧面看佛面”的道理。

但是，在现实中，碰到那些为非作歹屡教不改的劣僧，又

南华禅寺·释迦牟尼佛塑像

该如何？

且看拾得和尚《我见》的后两句怎么说：

“念得两卷经，欺他市廛俗。岂知廛俗里，大有根性熟。”

那些嘴上念得几卷经文，却行为不端的，根本就不配“僧”这个称呼；而尘世间不少“根性熟”的居士，对于佛法的理解和接受，反倒超过了这些所谓的出家之人。

因此，对待那些顶着出家人的帽子作奸犯科的人，完全不必客气，该咋咋的。

茶禅有几味

很多人都在说“茶禅一味”，似乎茶即是禅，禅即是茶。很多茶庄，也喜欢挂着“茶禅一味”的书法横匾，茶客们端起一杯茶来喝下去，仿佛便领悟到了禅的真谛。

济群法师说：“茶是茶，禅是什么却是不知道的，多半只是一些相似禅。”所谓相似禅，就是人们想象中的禅，比如宁静、淡泊、空灵，这些类似于禅的内涵，但仅仅是相似而已。禅的实质是什么？其实并不知道。就像我们远远看到一点烟，就说那是火！但火是什么，却不知道。

喝茶这种形式，的确能营造一个契入禅的氛围和手段。“茶禅一味”，是对有禅的人而言。若是具备禅的体认，喝茶时自然会有禅。

但若执着于茶的色、香、味，那和禅又是两码事了。

某日，不知所为何事，与法藏到曲江马坝镇。办完事，顺道来到茶行，说是茶行，其实就是在一条街上，有那么十来间茶叶铺。

法藏进进出出，几乎每一家茶叶铺都转了一圈。

法藏抓起一把茶叶闻了闻，又稍带不屑地放下。茶叶铺的老板似乎认得他，起身招呼，指着靠里的另一缸茶：“师傅给看看这茶如何。”法藏仍是抓起茶叶闻了闻，放下，又捡起其中一片放进嘴里嚼了嚼，说：“还行。”那老板便一脸喜色，仿佛学生考试通过了一般。

法藏看的茶虽多，看得上的茶却很少，转了一圈，还是摇摇头，没买。

我打趣地指着那些茶叶铺，说：“曲江城中茶叶铺，尽是法藏去后开。”法藏咧嘴一笑：“太夸张了。”脸上却大有得意之色。

法藏泡的茶很见功夫，据说法藏打小出家，就在寺里泡茶。

在南华禅寺小住，总会想方设法磨着他给冲泡一壶。

入夜，到寺的后院九龙壁接一桶泉水，提到他的僧舍。法藏见状，知道躲不过了，便烧水烫壶烫杯，又从一个贴着

"法藏自用"纸条的茶叶罐中取出茶叶，满满地塞了一壶。

法藏十指轻盈，很快，一杯醇香铁观音便在嘴角喉间了。

嘬了一口茶，闭上眼，赞道："好茶。"

其时夜色既沉，耳根清静，一杯香茗，令我沉浸在一片虚无的意境之中，好不自在。

便央求法藏传授功夫茶的冲泡方法。

法藏也不藏技，悉数讲解技法步骤。

换我来泡，一开始不免手足无措，手给烫得不行。多泡几次，倒也似模似样了。

不过那泡出的茶水，却总是微苦而带涩。

法藏又教授说茶的冲泡需讲究时长，第一泡大概需时几何，第二泡又约需时几何。

再试，在心里计算着，嘀嗒嘀嗒，时间到了，便倒出来，却仍是不香。

我问法藏："你看我泡茶时的步骤，有错吗？"

法藏说："没错，跟我完全一致，没半点差别。"

我疑惑："那为何我泡不出茶香来？莫非你有何秘笈不成？"

法藏眨眨眼："无他，惟手熟耳，你多泡几次便可以

品茗参禅图（马寿民作品）

了。”

我当然知道其中另有乾坤，却也无话好说。反正这一次在南华寺小住，时间算比较长了，闲来无事，便自己摆弄一番。

这样过了几天的暮鼓晨钟，听经茹素，刚到寺中时所带的烟火气，也渐渐地消散得差不多了。

又一晚，提着泉水去找法藏。正好碰上大和尚也在，让法藏从电脑里打印一些文章，又断断续续交代了好些寺务，法藏一面嗯嗯嗯地应着，一面无奈地蹙了蹙眉。

我见状，便在旁煮着水，耐心候着。

许久，大和尚回去了，法藏顿时从电脑椅上弹起来伸个懒腰：“累啊。”

我说：“过来泡壶茶，水已经开了，正好喝杯茶休息休息。”

法藏过来，又是烫壶烫杯，如此那般，那般如此，一边忙活一边说道：“今天真累了，大和尚布置太多事了，忙都忙不过来，生怕忘了一件。”

说话间，茶已泡好，法藏手掌轻轻向茶杯一摆，示意我可以喝了，又起身走向电脑台，说：“你先喝着，我还得再打几份东西。”

我抿了一口，茶水在舌尖唇边转了个圈，却发觉不像前几日那样的香气扑鼻。

心下生疑，便问法藏："你这次换了别的茶叶吗？"

法藏忙着打字，答道："就是上次的铁观音。"

我说："这倒怪了，怎么味道不对呢？你过来看看。"

法藏头也不回："没什么不对味的，我正忙着呢，看你今天一身的悠闲自在，你自个泡着喝吧。"

见他忙得真有些焦头烂额，我说："那行，你也别着急，慢慢来。"

便自顾自地重新摆定茶具，也不去换壶中的茶，一板一眼地高冲低筛、关公巡城、韩信点兵，只见汤色橙黄明亮，轻啜一口，满嘴幽幽暗香，竟是比刚才法藏所冲泡的好喝多了。

咦，难道我这几天不断地学习泡茶，真是熟能生巧？

我端起一杯走向法藏，说："请饮一杯。"

法藏一饮而尽，咂了咂口，说："好茶！"便又低头打字。

我喜形于色，说道："名师出高徒啊，才短短几天，我就能泡出如此好茶了。"

意犹未尽，我想着刚刚法藏泡的那杯茶，不禁脱口而出："看来我是青出于蓝而胜于蓝呢，哈哈。"

听到我这话，法藏忙着打字的双手停了下来，笑眯眯地看着我："是吗？那你再泡一壶来，我给你印证一下。"

我说："好啊。"

便喜滋滋地再按着刚才的手法，一丝不苟地冲泡出来，端起一杯递给法藏。

法藏却不接，说："你自个品一品。"

我喝了一口，却半天说不出话来。怎么这味道，又变了？

一般无二的茶叶，一般无二的茶具，一般无二的泉水，一般无二的冲泡过程，甚至是一般无二的同一个人，怎么差别就那么大呢？这一般无二的茶里，究竟有几个味道？

我怔住了。

法藏轻轻拍了拍我的手臂："你愣什么？再泡一壶去。"

吃还是不吃

穿行于俗世禅林之间，少不了要留在寺院里吃斋饭。

南华禅寺斋堂的牌匾上，“斋堂”两个斗大的行楷，写得苍劲老辣，如枯木似苍龙，据传是苏轼当年在寺内趁着酒兴用小扫帚挥就，也有说是老苏在镇江金山寺所书，被虚云老和尚辗转将拓片带到南华寺重镌而成。

不管如何，这东坡居士跟南华禅寺还是有很大的缘分，这些且留待之后再说，现如今，只谈吃饭的事。

在南华禅寺，僧众和居士的用斋是分开的。僧众们用斋的地方就在斋堂，我没进去过。有时从旁经过，从门口窗边看过去，一排排的长条凳，一排排的长条桌，僧众们坐得齐齐整整，安安静静，有行堂的僧人负责添饭加菜，威仪济济，肃然有序。

僧众们“过堂”，即上斋堂用餐，是中国汉传佛教丛林特有的仪轨和文化，在僧团生活中占有重要地位。僧人每天早、午两次过堂，被视为重要的修行，于一粥一饭之中，体悟佛法的真谛。僧众们过堂之时，僧容整齐、进退有序，讲究的是筷子不碰碗，碗不碰嘴，静静用餐，从不言语，添饭加菜的交流，也全凭手势会意。

而南华禅寺专供居士或游客们用斋的地方，却是另一番景象。居士用斋处摆着十几张的八仙桌，气氛虽然不能像家庭聚会那样热闹，却明显比僧众们那边来得轻松，居士用斋处毕竟不是正式的斋堂，没有很严格的“禁言”，可以低声聚首，互相招呼一下。

我喜欢在南华禅寺的居士用斋处吃饭，既无社交场合杯盘交错烟来酒去的喧嚣，又可以一心一意地品味地道的菜根香。更为难得的是偶尔还会结识一些妙人，比如在寺里为书画装裱的艺人、为寺里的长廊雕刻的工匠，这些都是在各自领域有独到理解的行家，他山之石，可以攻玉，跟他们见面的次数多了，自然就长了见识，宽了视野。

吃斋的时候，碰到的更多是一些普通而平凡的信众，男女老少皆有，虽素不认识，但既有缘坐在一张桌子，自然就有一家人的感觉。这些信众，知识水平各异，生活经历不同，个性特点有别，但同在一桌吃斋，大都如谦谦君子，平等互助。

禅宗世界里，一言一行，一举一动，都是修行，吃饭当然也是一种修行。南华禅寺里，斋堂自有僧众们的修行方式，居士用斋处也有居士的修行方式。

只是后来有一件事，让我很后悔自己待在南华禅寺那么长时间，居然没有申请到僧众们的斋堂里去体验修行一回。

佛教丛林的仪制，早、午斋两次过堂，是将进食视为一种重要的修行方法。

有一年夏天，闲游山西五台山，借宿在显通寺。

其时显通寺的知客僧光实师安排我住下后，又指着斋堂的方向说，到时间听到竹板响，就去吃饭。

竹板声声，声声悦耳，在南华禅寺听多了，我也不以为意，又急着出寺去逛一逛，忙说好好好知道了知道了。

在寺外转了一圈，也没留意时间，觉得差不多便往回走，一入寺门，就隐约听到竹板声。哈哈，真是赶得早不如赶得巧，便向斋堂小跑而去。

随着僧众和居士们从小门鱼贯而入，进到斋堂，才发觉在显通寺，居士和僧众是一起用斋的。看到偌大的斋堂，那一排排的长条凳和长条桌横竖成列，碗和筷规规整整，已经入席的僧众和居士双手合十肃然而坐，心中竟然莫名忐忑起来。

好不容易找到个位置坐下来，也只好既来之则安之，看僧众们如何行事，便依样画葫芦吧。

一开始是念《供养咒》，我连《心经》都背不出来几句，当然不会，又不愿做南郭先生滥竽充数，便闭起眼心中默念“南无阿弥陀佛”代替了。

一个高大的行堂师傅出现了，只见他左手提着一只大大

南华禅寺斋堂洁净整齐，“斋堂”两字为苏轼手书。

的饭桶，右手握着一只大大的木勺，按顺序一个个给用斋者添饭。我怀疑这位师傅是否练过武功，臂力竟如此惊人，那一桶饭，少说也得有几十斤，他单手拎在手里，跟没事一样，我的思绪不由得联想到电影《少林寺》中觉远和众僧提着水桶练功的镜头。

就因为这一刻的走神，我忘了向旁边僧人学习手势，这可糟了，没了葫芦，这瓢可咋去画啊？

行堂师傅来到我的面前，给我的碗里盛了一大勺饭，此时的我手足无措，不知该如何做动作，竟然自作聪明，斜斜地伸出右掌，虚压一下，在平常生活中，我常用这个手势示意足够了，并表示多谢。

可能是紧张之下，我出掌的角度和姿势显得似是而非，反而像是请求添饭的手势，师傅见此，又给加了一大勺。

我寻思着，那个盛饭的碗又高又大，碗口足有六七寸，只需一勺便足够吃饱，现在来了两勺，肚皮怕是要撑破了。

我一时间没反应过来，又不能开口说话，情急之下，便伸出右掌再次表示“多谢”。

结果，一脸诧异的师傅，又给添了一大勺饭，碗里的饭已经得不能再满了，师傅用勺子按了又按，才勉强盛下。

不巧，还是有几粒饭掉在了地下，那师傅见状，把勺子放在桶中，略一弯腰，长臂及地，捡起那几粒饭，甚至都没吹一吹沾在饭粒上的灰尘，很自然地就放进了嘴里。

我不禁一愣，大为惭愧，却是再也不敢伸出掌去“多谢”了。

要知道，出家人对粮食是绝不浪费的，他们常说：“佛门一粒米，大如须弥山。今生不了道，披毛戴角还。”

须弥山是佛教中最大的山，出家人将一粒米看得比须弥山还大，那是因为对布施者心怀感恩，行堂师傅将掉在地上的饭粒捡起来吃掉，对僧众们来说，那是出自内心，自自然然，再平常不过的举动了。

而盛到自己碗里的食物，更是不允许有一丝一毫的浪费，就连一滴汤汁，一根面条，也要吃得干干净净。即便在气氛宽松的南华禅寺的居士用斋处，我们也是使用公筷，吃多少要多少，尽量将食物吃完，更何况如今是与僧众一起正正式式地过堂用斋？

现在，摆在我面前的，是高高垒起像个小山包的一大碗饭，恐怕相当于我们平时吃饭的五六碗了。平时只有两小碗饭量的我，今天是无论如何也要把这一大碗饭解决掉的，否则，僧值法师对我是不会客气的。

想到这，我抬头望了望四周，目光与僧值法师碰了一下，僧值法师一脸肃然，不怒自威。

我赶紧低下头，专心吃饭。

为了能完成这一大碗饭，另一个行堂师傅在分菜的时候，我是再也不敢做任何手势了。可惜不做手势，就是表明你不拒绝，所以师傅照样是每一样菜都给了我一小勺，结果又几乎是满满的一碗菜。

一开始，我吃得很快，饭和菜都消灭了不少，但那两个大碗，简直就像聚宝盆一样，无论你敞开肚皮吃了多少，碗里都好像还是满满当当。

我吃饭的速度开始逐渐减慢，面对着白花花的饭粒，我想，实在吃不下，不如干脆不吃了。

就在此时，后头忽然传来斥责声，细听之下，原来是一个年轻姑娘，不懂过堂规矩，手机没有关，响了起来，被僧值法师怒喝制止。

我顿时头都大了，对一个小姑娘尚且严律有加，僧值法师的呵斥，让我刚刚产生的“不吃了”的念头顿时缩了回去，再不敢有丝毫的怠慢，又是一阵艰难的吞咽。

终于，终于，满满的一大碗菜解决了，连菜汁都不剩一滴，满满的一大碗饭，也只剩下最后的一团饭。

可是，这最后的一团饭，却真真切切的如同须弥山，横亘在我的面前，我摸着已经浑圆鼓胀的肚子，确实有心无力了。

我注视着这团饭，想着怎么样才能把它吃下去。这团饭却变得越来越大，仿佛成了如来佛的手掌，向我压了过来。

吃？还是不吃？ That is a question。

我怎么也想不到，哈姆雷特式的选择题，会出现在吃饭这个问题上。

吃。因为“计功多少，量彼来处”，盘中餐得来辛苦，岂能浪费？

不吃。因为勉强吃下去对身体有害，那这饭就不是“正事良药”，反而是穿肠毒药了。

吃。因为“防心离过，贪等为宗”，不能好吃的就起贪心，不好吃、吃不下的就起瞋心。

不吃。因为……

吃。因为……

吃？不吃？吃？不吃？

…………

假如是你，身处此时此地，一边是僧值师的严厉目光注视，一边是撑得难受的胃；一边是一视同仁的威严戒律，一边是你大可辩解的无心之失。

假如是你，你怎么办？

怎么办？

我？我怎么办？我告诉你，我最终选择了：吃，吃下去。

我其实已经想好了“不吃”的对策，那就是乖乖地等到大家吃完，悄悄地对僧值师说明情况，并保证将剩下的那一团饭在下一顿吃下去，决不浪费。我想，于情于理，僧值师也不会再行责怪吧。

但我最终还是选择了吃，只是因为，我要给自己一个教训：不懂斋堂规仪，就敢上斋堂去吃饭，活该！

一日不作，一日不食

百丈禅师经常与弟子一起劳动，锄草、种地、收割，即使到了八十高龄，仍然坚持不辍。

弟子们怕他劳累，劝他休息，可他就是不听。

弟子们实在没办法，就把师父的锄头藏了起来。

这天吃过早饭，百丈禅师习惯地去拿锄头下地，然而却怎么找也找不到。

百丈禅师也没说什么，只是默默地走到禅堂打坐。弟子们暗自高兴。

到了吃饭时间，弟子们发现，百丈禅师仍然在打坐，小徒弟把饭端过去，他也不吃。第二天，百丈仍然没有找到锄头，也仍然没有下地劳动，也仍然没有吃东西。

弟子们慌了，他们商议后，悄悄地放回了锄头。

第三天，百丈禅师找到锄头，乐呵呵地下地干活，干完回来，又乐呵呵地开始吃东西了。

初谒南华，与传正大和尚相识尚浅。

彼时接待楼尚未兴建，方丈室就在现今老客房的二楼，安排我住下的那间客房，正好就在方丈室的对面。

我既非出家僧人，又非皈依信众，因此虽住在寺院客房里，除了不荤不酒，其他的规矩倒没刻意地遵守。比如最初的几天里，常常一觉睡到近午，任凭早课的钟声和早饭的竹板响个不停，也当作没听到。吃也不定时，能赶得上过堂，便去吃一顿，赶不上了，便泡一碗方便素面，再不然便到侍者处乞一两块饼充饥。

一日，许是前晚入睡较早，破天荒地在晨钟敲到第二响的时候醒来，其时天仍是漆黑一片，出门起来长吸一口新鲜空气，却看见对面方丈室已然亮灯。

不一会儿，却见侍者推门出来，双手端着“普佛”的牌匾，大和尚随后走出丈室，身披袈裟，两人一前一后，下楼往大雄宝殿而去。

哦，原来今天早课有延生普佛，我横竖已经醒来，便尾随而至，混在居士中，上了一堂早课。整整站了两个多小时，只听僧众和居士们一遍遍的念经，我完全不懂，只是从音节和旋律上区别，怕是反反复复念了五六种经文。我一直

早课、跑香、参学，是修行，而日常的出坡劳作，也是一种修行。

站着，脚都有些酸了。

再看大和尚和僧众们又是拈香又是绕佛，仍是神采奕奕、法相庄严，完全没有倦怠之色。

早课结束后，我匆匆地扒了几口白粥，就回房补觉去了。

约莫睡了一个小时，却被对面方丈室的一阵争论的声音吵醒，爬起来从窗口望过去，只见大和尚正与寺里的几个执事拿着图纸在商议寺务。

我拿起一本书躺在床上看起来，只隐约听得对面声音时高时低，不久就平息下来，想必是执事们的会开完了。安静了不到五分钟，又有声音传来，这次该是换了一拨客人。

就这样大约两个钟头，我一边看书一边听着，对面来来去去，大概有四五拨的客人。我不禁感叹，原来佛门也不是我想象中的清闲啊。

一时好奇，便起身前往方丈室，想看看来找传正法师议事的都有哪些来客。

却见丈室有两个法师，我悄悄地走到一侧找个位置远远地坐下，听方丈和他们交谈，原来却是九华山有个活动邀请大和尚前去，正商讨具体行程云云。

此时却听得竹板声清脆响起，过堂吃饭的时间到了。

大和尚和两位法师的话题却没停着，又谈了半个多小时，大和尚才站起来对两位访客说：“吃饭去。”又向我望了一眼：“你也一起去。”

我当然不客气，便跟着大和尚和两位法师，出寺门，到了斋菜馆。

这斋菜馆却不是寺里的斋堂或居士用斋处，而是一个俗家弟子在南华禅寺旁开设的一家素食馆。里面的斋菜，花样繁多，制作精巧，摆上台来，琳琅满目，且不说味道如何，单是颜色外观，已是让人耳目一新。

满满的一桌素菜，很丰富，我还是第一次领略到斋菜还有那么多的花色品种，也不管方丈与法师们谈些什么，自顾自地吃得很是开心。

当天晚上，我想，出家人在一天里尚且要处理那么多的事务，看来我也不能懒着，得早起用功才对。

次日，又是伴着钟声醒来。却见对面方丈室黑灯瞎火的，难道大和尚已上殿了？便来到大雄宝殿，却不见方丈踪影。

方丈室的门一个上午都紧闭着，不闻人语，只见侍者领了个人提着个小箱子进去了，却不见里面有半点动静，一个多钟头之后才出来。

等到竹板响起，我出房走去用斋处，下楼时却与侍者迎面碰上，只见侍者端了一碗白粥，几条咸菜。

我问："怎么不到斋堂去吃？"

侍者说："我等会就去，这是给大和尚的。"

看着侍者推门进了方丈室，我寻思着：咦？大和尚昨天忙这忙那，就在素菜馆吃了顿丰盛的午餐，今天连早课也没去，中午就只吃一碗白粥。难道他这是在仿效百丈禅师的"一日不作，一日不食"？

整整一个下午，方丈室仍是紧闭着。也只是见着侍者又领着那个提着小箱子的人进去了，又是一个多钟头才出来。

晚上八点多，终于看到对面的门敞开了，我忙走过去瞅了瞅，方丈正手握狼毫练大字，只是气色有些苍白，不似平日那样神采焕发。

我说："大师好兴致啊。"

传正师见我进来，继续练字，只挥挥手，示意我随缘。

见方丈难得空闲，我乘机请教："我看过一个公案，讲的是百丈禅师'一日不作，一日不食'的故事。"

方丈点了点头说："难得你有兴趣亲近佛法。百丈禅师是中国佛教史上的大改革家啊。"

见传正法师讲起佛教史，我知之甚少，不知道如何应答。

禅宗崇尚农禅并举，六祖惠能在黄梅求法期间，曾在槽厂舂米，曾以石束于腰间以增加重量，方便劳作。

见我接不下去，方丈又说："佛教传入中国以后，在南北朝至隋、唐之间，出家僧众保持着印度佛教的乞食制度，是不从事生产劳动的，但这并不受当时社会风气所欢迎。"

我说："那后来不是有'农禅并举'的说法吗？"

传正法师说："那正是因为百丈禅师开创了中国式的禅门丛林制度，以集体农耕、同修互助、团体生活的形式，建立了影响至今的百丈清规，致使佛教各宗派与佛学，在中国的文化与历史上，植下深厚的根基。"

我点了点头。

见我仍是不语，方丈便问："你看了百丈禅师'一日不作，一日不食'的故事，有什么感悟？"

我说："从表面上看，这句话是说一天不劳作，一天不吃饭。深一层的含义可以理解为一天不修行，一天不吃饭。对于普通人来说，那就是常常要提醒自已每天有没有努力，有没有进步，就像儒家所说的'吾日三省吾身'一样。"

方丈："你能想到这些，也算不错了。"

受到表扬，我一时高兴，便说："大师你也像百丈禅师一样很有古风啊，昨天辛苦了半天，又是普佛又是处理寺务又是接待客人，所以去斋菜馆吃了顿好的，今天没上早课，就只吃一碗粥了。"

方丈听我这样说，半晌没说出一句话来，似乎没听明白我在讲些什么。良久，才反应过来，一把放下手中握着的毛笔，大笑起来：“我昨天去外头的斋菜馆吃，那是因为谈事情错过了寺里用斋的时间，况且那两位九华山的法师远道而来，以礼相待也是应该的啊。”

我说：“那今天呢？你今天可一整天都没出来过，也没有处理什么寺务，就只吃一碗白粥。”

大和尚又是一阵大笑，好不容易停下来说：“我的佛祖啊，我今天是因为突然感冒发烧了，浑身无力，找了个医生上下午各打了一瓶点滴，所以才闭门不出。至于只吃一碗白粥，那是因为我上火了牙疼，吃不下干饭啊。”

黑暗中的感悟

一切，都如同以往的无数次行走，一般无二。以至于那时、那地、那样，突然到临之时，我一度的恍惚，之后是默然感受，最后如开悟般欣喜。

山间本就晴雨不定，更逢雨纷纷的节气。在一条清冽的山溪旁，觅得一处足可挡风避雨的宿营地，与旅友开帐夜谈。

九点半，收拾停顿，进帐休息。这个时间，在城里，有的时候，甚至还没有开始晚餐。

几乎是在躺下的瞬间就进入睡眠的状态，当然的，这样的体验，也是以往无数次户外行走时的重复。

是的，一切如常。不知道过了多久。

耳朵率先醒来，淙淙溪流声，清晰无误地传来，既非呜咽般细长，又非咆哮般浑厚。

然后是后背稍稍有冷的感觉，肌肉也略微有些酸紧。

于是我的思维也醒了过来：哦，没错，今晚，我是在莽山之中，清溪之畔，搭帐而栖，而不是躺在城里那暖而慵懒的软席之上。

由混沌而清醒的过程中，有意识地，贪婪地深吸缓吐，这曼妙的空气，竟使得我不由自主地舔了舔嘴，仿佛那微微的甜味已在齿间流淌。

很自然的，我将会张开眼睛，看一看这给我带来安谧惬意的周遭。

我睁开眼。

心竟然怦然一跳，在刹那间，我被震惊了，不能回神。

黑夜，完完全全的黑。我之前从未见过、听说过、想象过、梦过的黑。

我的第一反应，甚至是怀疑该不是吃错了山里的什么东西，眼睛变瞎了？

不，不会的，哪怕用针刺穿我的双眼，也只是不能成像而已，只要有一丝一毫的光，也是可以感知得到的，不至于是如此的、绝对的黑。

我伸出自己的手，在眼前晃动，没有任何的影像。假如，我只有眼睛去感知世界，那么，我伸出的那只手，无疑是不存在的，是虚无的。

慢慢的，我开始由最初的慌张转为一阵阵的惊喜。

在这莽莽深山之中，在这沉沉睡去的时刻，方圆十数里，已经没有任何的灯火；而厚厚的云层，遮挡了自上而下的星月之光；浓浓的大雾，也屏蔽了几十里外的各个城市从四面八方袭来的光。

所以，这时，这地，便有了这绝对的黑。

我几乎要叫出声来，这一刻，如同虚云法师打破杯子的那一瞬间，自觉如同开悟般欣喜！

我睁开眼，体会这一切皆有，又一切皆无的境界。内心中，自然而然地默念起《心经》，一瞬间，对“色即是空，空即是色”、“无色声香味触法”等平时虽有领略，却无法更进一步深入的经典，突然有一种刻骨铭心的透彻。

在这样的黑夜中，我真实地体会到思维的速度，超出光速一个恒河沙的倍数，弹指间就走到苍穹的尽头之外，而其实这个时间，不过短短数秒，却已似阅尽从洪荒至未来。

我愿意做平凡的人，但我希望有不平凡的体验，我的终极理想，是在有不平凡的体验和做一个平凡的人之间，自由转换，合二为一。

至少，今晚，我离我的终极目标无限接近。

虚云老和尚于世寿120岁时题写的“应无所住”。

因为，在我神游太虚之后，我又迅速将意识拉到现实，我在体验了“无眼耳鼻舌身意”之后，又重新开启我的感知触觉，除了眼睛，除了视觉。

那响个不停的溪水，是冰冷的，明天，即使温度再低，也得好好地去享受一下。

那甜得沁人的空气，不妨再饕餮一番，这可是莽莽大山给予的最弥足珍贵的礼物。

身边的，是最爱的人，稍远处，是同行的伙伴。我真的应该好好感谢这些同伴，不单止为了在这样的天气中，还能在一起享受最快乐的行程，我最想感谢的，是大家都能安安静静的，融入这天籁之中，而不像那些热闹的人儿，即使走在山野间，仍如在城里一样的灯红酒绿。

我感谢这个绝对的黑，让我保存了对这个自然的一线希望。原来，这个世界，还有这样的，不受光的污染的夜，真是一种奢侈，和可遇不可求。诗人顾城说“黑夜给了我黑色的眼睛，我却用它来寻找光明”，其实，他不用寻找，在这一刻，黑夜，即是光明。

且做去

南华禅寺，于1985年被列入全国重点文物保护单位。

然而，寺藏文物却极少展露在公众面前。游客们可以在藏经阁的首层，看到极少量的真品文物，以及部分文物的照片、复印件和仿品。

出于文物保护的目的，寺藏文物之精华，被妥善地保管于藏经阁的二层，轻易不示于人前。

藏经阁的二层，可以算得上是南华禅寺的一处禁区。从首层隐秘的窄窄的木梯上去，一扇小门长年紧闭。除了有完备的现代防盗设施监控，更有知藏师日夜护持。

能够有机会上去藏经阁二层，一览珍贵文物者，少之又少。南华禅寺的寺藏文物，如同藏于深山密林之中的神秘宝库，只为有缘人偶露真容。若非因缘具足，即便身处高位，或是腰缠万贯，也只能望楼兴叹，缘悭一面。

南华禅寺建寺一千五百周年前夕，为刊印一本全面反映南华禅寺历史和现状、建筑与文物的画册，我特意进京，延请摄影师刘心宁老先生来寺拍摄。是年盛夏，我与摄影助理王科，有幸陪同刘老先生数度出入藏经阁的二层，对大部分寺藏文物进行了拍摄。

终于有机会上到藏经阁的二层，去掀开那层神秘面纱，我兴奋得如同秋游前夜的小学生一般。

孰料文物的拍摄，并不如秋游般轻松，甚至可算是整个拍摄工作中最艰苦的一个环节。

在拍摄之前，我前去请示方丈。

我兴冲冲地将拍摄计划一五一十地向传正大和尚和盘说出，如何如何布置摄影灯位，如何如何选取拍摄角度，如何如何按部就班慢工出细活。

满以为我们的计算周详，准备充分，大和尚也一定会大加赞赏。

传正师听完我的计划，沉吟半晌，说："这些文物，不单单是南华禅寺的典藏，也是禅宗的传世法物，更是国家和民族的瑰宝，我非常信任你们，所以特别允许你们拍摄小组的三个人进出藏经阁二层，但是，国有国法，寺有寺规，你们必须遵守我的三个条件。"

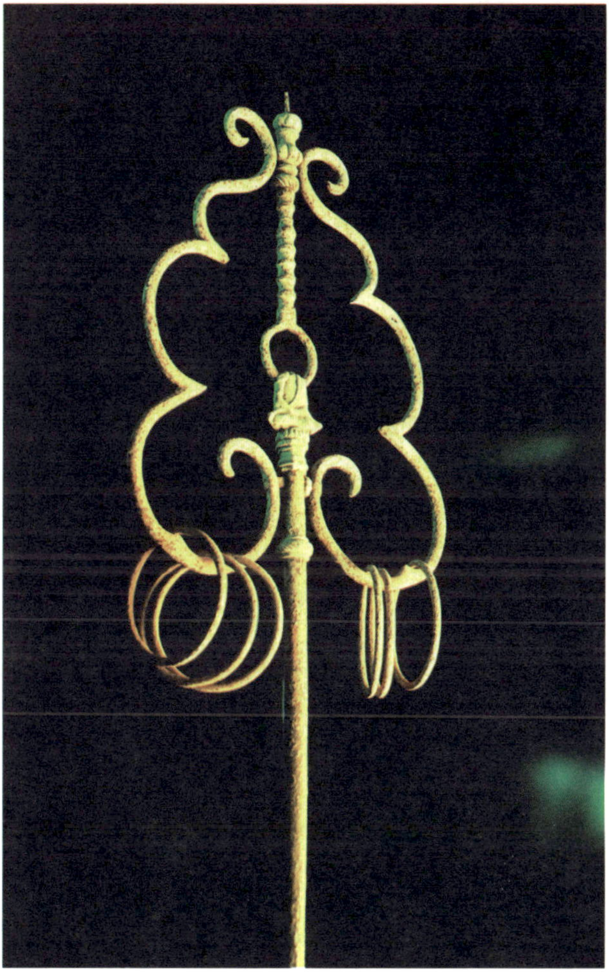

南华禅寺寺藏文物·锡杖

方丈神色严肃，不等我点头，便接着道："其一，时间必须严格控制，明天开始，三天内完成，每天上下午各安排两小时拍摄；其二，只能在藏经阁二层拍摄，进去之后，反锁阁门，由知藏师监督，取出一件，拍摄一件，收回一件；其三，为免对文物造成破坏，不能有太多的灯，最好不用，要用也只能用一盏。"

我不由得暗暗叫苦，大和尚提出的这三个条件，将会对拍摄工作造成极大的不便。

首先，寺藏文物众多，算算三天时间，实际只有12个小时，实在不够。

其次，空间局限于藏经阁二层，恐怕无法调校和选取好的拍摄角度。

最麻烦的是，藏经阁的门窗密闭，自然光很难借用，不用多灯配合，缺少了拍摄的基本光影需求，拍出来的效果肯定大打折扣。

我当即把这些实际情况向方丈作了细致的说明，说："能不能放宽一些条件？"

传正师摆了摆手，不容置疑地说道："别管它，且做去！"

见方丈如此坚决，我也不好再说。

南华禅寺寺藏文物·北齐铜铸佛像

南华禅寺寺藏文物·隋朝铁铸天人像

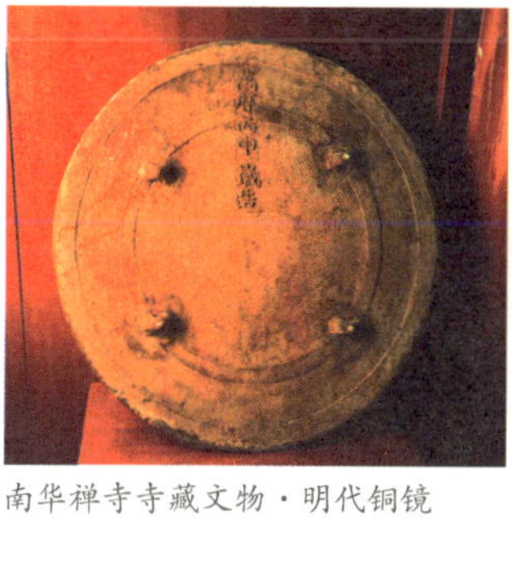

南华禅寺寺藏文物·明代铜镜

南华禅寺寺藏文物·明代铁鼓

拍摄的第一天，方丈亲自领我们进入藏经阁二层。

如同初次漫步海边，看到神奇的潮汐，捡拾斑斓的贝壳，我们眼睛发光。

仿佛懵懂进入深山，面对变幻的峰峦，深嗅暗香的芝兰，我们神不守舍。

许久，我们都在贪婪地饱览琳琅的宝贝，完全忘记了自己上来是干什么的。

终于，方丈说：“时间紧，且做去！”

我们如梦初醒，意识到时间紧迫，任务重大。

方丈一出门口，尚未下楼，知藏师便“啪”的一声，把门反锁了。

要开始工作了。可面对满室珍奇，我们都有些发呆，不知该从哪一件宝贝开始着手。

最后还是知藏师帮我们解决了难题，他抱出一只瓷瓶，说：“不如就从这个开始拍吧。”

于是，我们总算进入了正轨。

如同我担心的一样，藏经阁二楼，本就已摆满了文物经藏，留给我们回旋的空间非常狭小，只好蹑手蹑脚，生怕一转身一伸手，就会让两旁柜上的文物遭到灭顶之灾。

只有一支灯，在营造光影气氛时自然是捉襟见肘，反光板也因为在逼仄的空间里显得甚是硕大，一举一动都会碰到柜边桌角，只好由我们两个摄影助理牵扯着一张白纸来代替了。

也没有高度合适的台来摆放文物，令取景的难度大大增加，以至于年过六旬的刘老先生每拍一张照片，都会因弯腰太久，酸痛难耐。

一切都很别扭。

拍了几张，我禁不住问刘老师：“感觉怎么样？”

刘老先生是新华社的资深摄影记者，并曾派驻英国，经验丰富，此时也只能摇摇头，说：“难，太难了。”

由于文物实在稀罕，我们每拍一张都耗费不少时间观摩，刘老先生也拍得起劲，变换各种角度，不断按下快门，一筒菲林，转瞬间就消耗了。

第一天下来，我们算了算，只大概完成了十分之一。

照这样的进度下去，肯定没戏。晚上，我按捺不住，向大和尚诉苦。

传止师耐心地听完，沉吟再三，说：“你遇到的这些困难，我都知道，但是，那三个条件，还是不要改变吧。”

“可是，这样拍下去，恐怕效果不理想啊。”

“你只用心去拍，至于效果如何，且先放在一边，别总

南华禅寺寺藏文物·武则天圣旨

是先给自己背上包袱。”

我再三诉求，方丈再三坚持，最终还是我妥协了：“那我们只好尽力而为了。”

传正师说：“别多想，且做去！”

回到寮房，我向刘老师转达了方丈的态度。

刘老师说：“既然如此，我们制定一个表，罗列出究竟有多少件文物需要拍摄，算算每一件用时多少，我拍摄的时候，你们帮我掌握时间，掐着表，时间一到，就拍下一个。”

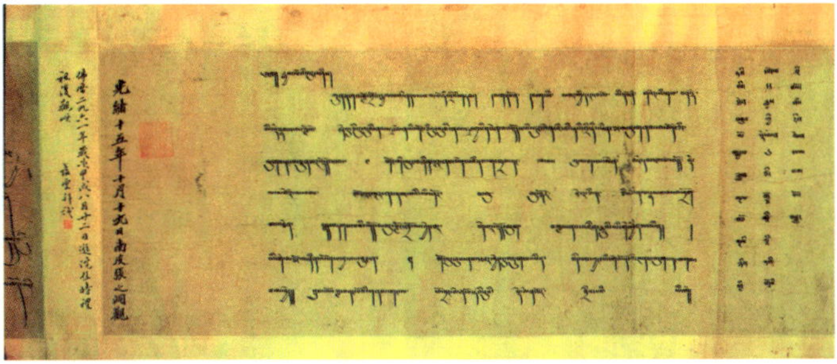

南华禅寺寺藏文物·元朝八思巴文圣旨。
圣旨为元朝仁宗皇帝所赐，内容为保护南华禅寺所有财产和免除寺庙赋税、差役等，赐予南华禅寺僧众很高的权力。

我苦笑："也只能如此了。"

第二天，完成了十之有三，但仍然赶不上进度。

第三天，是方丈给我们的最后期限，在早餐的时候，我愁容满面。

刘老师宽慰我说："今天我们集中精神，抓紧时间，我看一定可以完成。"

说罢，刘老师便向斋堂多要了十来只馒头，用袋子装好，说："出发，方丈不是说了嘛，且做去！"

看刘老师精神抖擞，我也为之一振。

南华禅寺寺藏文物·清代罗汉瓶

这一天，我们的意识高度集中，全神贯注，完全忘记了其他的事，全副身心都放在了拍摄上。特别是刘老师，在拍一些小件文物的时候，由于位置总找不好，只好摆放在地下，他就干脆全身趴在地下，做五体投地状，全不顾污秽了衣物，镜头后面，是专业的态度，和一脸的虔诚。

中午，知藏师陪着我们一起，用十来只馒头果腹，再继续工作。

南华禅寺寺藏文物·明代木雕五百罗汉

这一天，足足拍了8个小时，没有浪费任何时间。

回到寮房，我们全都瘫倒在床上。

次日一早，我找到方丈报喜：“按你的三个条件，完成了。”

传正师双手合十：“阿弥陀佛！”

此时的我，终于将之前想问而没有问的问题说了出来：“为了刊印画册，这些文物的照片是一定需要的。如果，在你限定的三天时间里，我们真的来不及完成，那又如何？”

传正师微微一笑：“没有如果，你们已经完成了。”

我自认凌厉的问题，在大和尚面前，无功而返。

心诚则灵

与南华禅寺有缘，经常能够接触到很多佛教的经典。比如由寺方倡印的《六祖坛经》、《金刚经》，校对严谨，线装竖排，印制精美，实是无上法宝。

可惜碍于种种尘根羁绊，我没能花时间去系统学习和领略。为求心安，便不定期地轮换着把这些典籍摆在床头，睡前有空的时候，就随手翻阅到某一页，看上一两句。

也许你会笑了，怎么每次就看那么一两句？岂不是经年累月才能看完？

是的，就看那么一两句。

佛教经典，博大精深，浑不似通俗小说、散文诗歌，可以一目十行，一夜之间就读完一本长篇。就那么一两句，也得是左思右揣，最后还不求甚解。且往往因为困累而捧着书就睡了过去，半途而废。

所以，若果真能每天坚持看懂一两句，即便是十年八载略有小成，也是善莫大焉，快哉快哉。

然而往往是一曝十寒，三日打鱼，两天晒网。因此，虽常有经典相伴，却仍是一无所获。

以至于有朋友让我说一说对某些佛理最基础的解释，比如“五蕴皆空”，我也答不上来。其实倒也不是完全不知晓，只是自己未经明师指引印证，怕误了人家。

我也曾自省，佛教的典籍，按理说须得以礼相待，齐整摆放于书案，不使有损污。而我竟然随意地放于床头一侧，捧读而睡时，难免折损，这样会否亵渎了经典？

再深想一层，便也释然了。如果环境许可，当得尽力维持典籍的洁净完好，而我日间忙于他事，唯于睡前抽空阅读，放于枕边，无非条件所限，出于方便法门。对这些经典，我始终待之以诚，不敢轻慢，况且佛教经典，在于其文字之理，不在其纸质之本。如有大智慧，渡海到彼岸，大可把那渡海的船给忘了，不必再拘泥于一时一事也。

同样的，如何礼佛？如何对待佛法僧？我也一样的行方便法门，唯谨持一点：诚心诚意。

在寺院小住，有很多机会可以和僧人居士们一起参加寺院里的早晚课，但我却很少参加。因为，我没有学习过佛教

恭敬读经

礼仪，也没能记住经文，因此偶尔加入早晚课的时候，也跟不上趟，只能侧立一旁，默念“阿弥陀佛”。

虽然我自己做不到，但对于那些深谙规程、一丝不苟、熟读经文、背诵如流的出家僧众和在家居士，我由衷地敬佩。我常常站在大雄宝殿之外，看着常住们和信徒们整齐划一地礼佛跑香，并为此而赞叹，因为有这样严谨的形式存在，更能激发虔诚精进之心。

进了寺院，面对罗汉、菩萨、佛，大多数时候，我会双手合十，微微一颔首，就算打过招呼了。作为一个普通人，对于罗汉、菩萨、佛，我并没有把他们当成偶像，我是把他们当作尊敬的老师，当作最熟悉的朋友。

尤其是在六祖惠能面前，我甚至什么也不做，就静静地站在他的面前，端详他的脸孔，我有时能感到惠能向我微笑，有时能感觉他在向我传授智慧法门。总之，大多数时候，我站在他的面前，似乎都有一种心灵相通的感觉。

虔诚礼佛

我看过很多的

善信，特别是一些老居士，自己的收入微薄，生活艰苦，但为了护持佛法僧，经常倾囊而出；我看过很多的大施主，为了供养三宝，一掷千金。我常常为他们对信仰付出的贡献而感动。也是因为有了这些信徒们的供养，使得佛教在中国，才得到了最广泛的传承。

我却以自己的方式，善待佛法僧。

能言，算是我的长处之一，对某些不了解佛教，却又对佛教颇有微辞的人，我可以耐心地向他们解释，以使其从误解到了解，从侮佛到敬佛。

能文，也算是我的长处之一，虽然达不到文字般若的境界，我可以通过我相对轻松的笔触，让一些有心人，阅读这些随性的文字，愉快地接触和亲近佛教。

请原谅我对自己的低要求，在现阶段，果真能做到这些，我就已经很欣慰了。这也算是为我的佛陀老师，我的菩萨朋友，做的最有诚意的事。

苏轼与王菲

苏轼与王菲？诸君读到这个文章的标题，大概会莫名其妙。

且不说这两人一古一今，苏轼是宋代文豪，王菲却是当下的流行乐天后，把这两人硬生生地联系在一起，难不成真想要闹一出关公战秦琼？

再说了，这本小册子的主题，一直是围绕着禅宗祖庭南华禅寺，即便某几篇偶尔天马行空恣肆汪洋，也是记述自己的禅思心得，为何突然冒出来这风马牛不相及的一篇？

莫急，且听我细细说来。

中华文化，源远流长。虽百花齐放，却独尊儒术。孩童的启蒙，当从儒学始。

如今，《三字经》、《千字文》等流传甚广教化无数的古书，虽已为重新编定的教材所替代，但不论教材如何与时

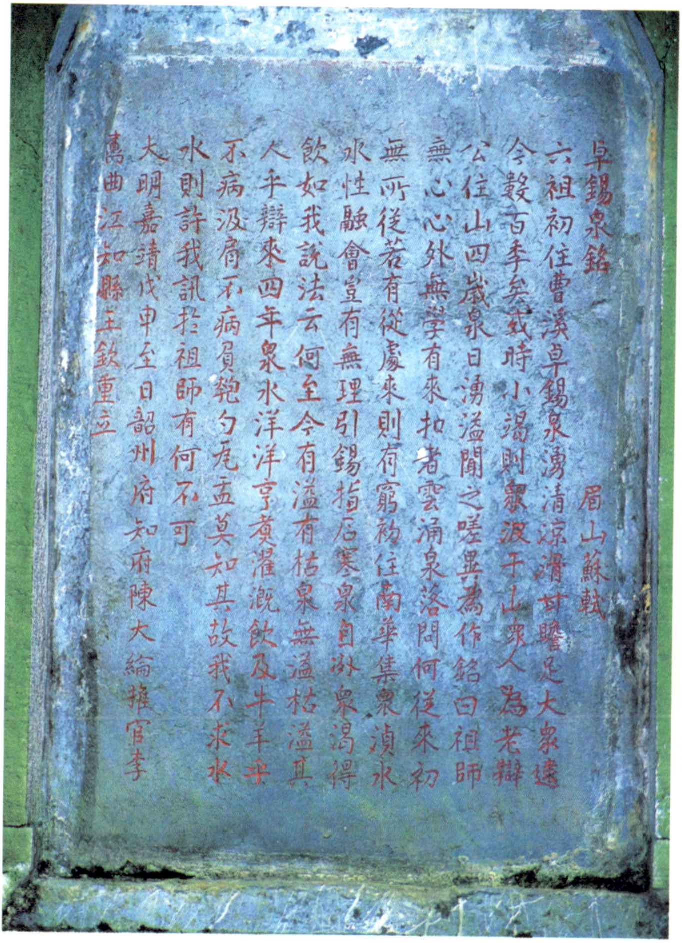

一代文豪苏东坡与南华禅寺颇有因缘，这是他在南贬途中入寺与僧人酬唱，留下的《卓锡泉铭》。

俱进，其根基内涵，还是不改孔孟之道。因此，你我皆不例外，打小读的，还就是孔圣人之书。

幸运的是，千百年来，儒、道、释、墨、法……百家学说在华夏九州和谐共处，相互浸润，取长补缺，因此，儒家的学说，也与诸子百家互通互融，以儒学为主体的教材中，仍能从中汲取其他流派的智慧。

所以，当我在接触古诗文的时候，自然会留意到苏轼那些颇具禅境的诗词。出于对他诗词的喜爱，自然也便对禅有了兴趣，连带着对东坡居士和佛印和尚之间的公案读得饶有兴趣，便有了进一步亲近、了解佛菩萨的基础。

王菲，天生一把好嗓子，有很多的歌迷和崇拜者。她的歌声声线独特，颇能触动人心，对她的歌，我虽不很着迷，却是欣赏的。

后来，于报端电视中，知晓她皈依佛门，还常常参与佛教界的一些慈善活动。偶尔再听到她的歌，便从中听出以往所没有的慈悲和从容，特别是她颂唱的《心经》，隐隐然已有禅意在其中了。

找来她念诵的《金刚经》，没有伴奏，没有编曲，只有清亮平静的声音，却比谱曲的歌更动听，如天籁之声，纯净无瑕，你能感觉到，皈依，使得她返璞归真，寻找到了生命的真谛。

欲悟色空为佛事，故栽芳树在僧家。
细看便是华严偈，方便风开智慧花。

因此，很多她的歌迷，也或多或少地在她的感召下，更多地主动去了解佛教，更多地参与善举。

有她的榜样在前，我也更感佛的不可思议，也便发心以自己之所长，尽可能地让这个世界多些安然，少些浮躁。

经我这样说来，个中因缘，你们大概会明白许多吧？

曾有人与我辩说：“历代高僧大德论述佛法博大精深，苏东坡诗文了得，于佛理不过得其皮毛而已，为何舍本求末？”

我答曰：“无关本末，东坡居士，于官场沉浮，终看破功名，且性格豪放，整日纵情于山水之间，心无挂碍，所做所行，便与佛理暗合了。”

况且高僧之论，往往深奥隐晦，适合上上等的智慧，或者登堂入室者进阶之用；东坡居士因其诗文得以流传，浅显的禅理隐于诗词之中，至今仍影响大多数人，正是初窥禅门者的最好接引者。

亦曾有人与我辩曰：“当今有很多名师也曾朗诵《金刚经》，加持力甚深，王菲不过声音清奇，为何崇浅拒深？”

我答：“无关深浅，王菲于泥沙俱下的影视娱乐界，涉世极深，能出污泥而不染，看清浮华，实与禅的境界不远矣。”

况且名师之朗诵，往往注重经文中的法理，需要有善根者领悟，而王菲用其空灵之声，为初学者所喜闻乐见。

因材施教，由浅入深。能为初学者打开禅门，善莫大焉。

以我为例，若非苏轼与王菲，便难对佛教亲近；若不对佛教有所亲近，便难与南华禅寺结缘；若与南华禅寺无缘，何来今日在此娓娓道来？

万般皆有缘也。

佛法在世间

常有读者问，在你的字里行间，南华禅寺总是显得那么的幽静清新，你在寺里拍的照片，也自有一种淡定安详，可是，为什么我们去到祖庭的时候，却总是人头涌涌，热闹喧嚣？

这就对了，不论是幽静清新，还是热闹喧嚣，你和我，看到的，都是同一个南华禅寺。

我有时在寺里一住就是十天半个月，日日听暮鼓晨钟。早晨起来，游客未至，我登后山而远眺，当有风凉水冷；傍晚时分，访者已归，我行小径而独思，自是气定神闲。

而像你们一样的大多数的游客，好不容易抽出空来，正是周末或节日，大家一齐涌向曹溪，当然是一派如过江之鲫的景象了。

每逢六祖诞等佛教节日，或是国庆春节等长假，来南华禅寺旅游礼佛的人，更是穿梭如织。来往的车辆甚至将寺门前的国道围个水泄不通，短短的几里路，往往要走上大半个时辰，较之城里的拥堵有过之而无不及，令到当地交通部门也不得不专门安排人手疏导。

某年，恰逢大节，寺里香火鼎盛，旅行团的游客、进香的善信，交错在一起，整个南华禅寺，一时之间真如同北京的前门、上海的外滩、广州的上下九。尤其是大雄宝殿和六祖殿，想要找个立足之地都觉困难。

此时的方丈室里，也是人来人往，不时有常住前来请示商议寺里的大小事务安排。

大和尚倒是忙里偷闲，手持狼毫，一边不紧不慢地在宣纸上落墨，一边随口分派任务，谁谁如何如何，哪个哪个如此那般，竟是妥妥帖帖，忙而不乱。

趁着短暂的空闲，我向大和尚打趣地说："都说佛门清静之地，我看今天这南华禅寺啊，都快成了贩夫走卒的菜市场了。"

传正师知道我在说笑，却也笔势一收，轻轻搁下，一本正经地说："南华禅寺本就临近马坝韶州，地处繁华，来往穗港深也是交通便利，更兼六祖惠能之盛名，自然会有很多游客和居士方便前来，南华禅寺荷担起与世人沟通接触、对世人弘法的重任，在所不辞；而那些地处冷僻人迹罕至的深山庙宇，则是重在修行了。”

我有心捣乱，便顺着大和尚的话头继续说：“如此说来，岂不是南华禅寺不重修行了？”

传正师不理会我的胡搅蛮缠，道：“此言大错特错，且不说平日你可以看到寺里的僧众刻苦用功，修行精进。更何况，弘法本身也就是一种修行啊。”

南华禅寺·殿堂一角

南华禅寺·禅海岸

我点了点头，又说："可是每逢这样的节庆，寺里都是人头簇拥，人声鼎沸，令寺里的常住和前来帮忙的居士忙得团团转，应接不暇；有时因为人太多，偶然也会引起争执；到了晚间，游人留下大量的垃圾还要处理，这么多烦尘俗务，不会让人觉得心烦吗？不会打扰了常住们的清修吗？"

传正法师道："有道是佛法在世间，不离世间觉。如果人人都怕烦恼，自求清静，那又何谈续佛慧命？解决你口中的这些个所谓的烦恼，我不入地狱，谁入地狱？"

见我不语，大和尚念了一声“阿弥陀佛”，又道：“你们读的孔圣人之书，儒家学说中不也有‘小隐隐于野，大隐隐于市’的说法吗？一味地隐居在山野之中，逃避现实，不算真正的隐士君子，只有身处热闹市井之中，面对纷繁复杂的环境，而能调整心态，将一件件本是令人烦恼的俗务，处理得妥妥帖帖，才算是大智慧啊。”

我再无疑问，说：“大和尚今日随缘说法，得益良多，我现在就到寮房去，把你说的话记下来，也许能写一篇好文

香火鼎盛的南华禅寺，是弘法的好道场。

章呢。”

传正师微微一笑，复执笔，轻蘸墨，摆了摆手：“去吧。”

未待我转身出门，传正师又道：“且慢！”

我说：“大和尚还有何开示？”

“暗室清修写作，算不得什么本事。我看今天用斋的游客甚多，斋堂里恐怕会忙不过来，你还是到香积厨去，看有什么可以帮帮忙的，在柴火米饭中做你的大文章去吧。”

我稍想了想，欣然领命。

你也可以在菩提树下吃杯茶

有两位僧人从远方来到赵州，向赵州禅师请教如何是禅。

赵州禅师问其中的一个：“你以前来过吗？”僧人回答：“没有来过。”赵州禅师说：“吃茶去!”

赵州禅师转向另一个僧人，问：“你来过吗？”这个僧人说：“我曾经来过。”赵州禅师说：“吃茶去!”

这时，引领那两个僧人到赵州禅师身边来的监院师就好奇地问：“禅师，怎么来过的你让他吃茶去，未曾来过的你也让他吃茶去呢?”

赵州禅师叫了一声监院师的名字，监院师应了一声，赵州禅师说：“吃茶去!”

尝有人问，这本小册子为何会用“你也可以在菩提树下吃杯茶”这么一个长长的题目。我便先跟他讲起“吃茶去”

菩提树下吃杯茶（马寿民作品）

这则禅宗著名的公案。

如何解读这则公案，历来是见仁见智。

有人说“吃茶去”有着直指人心的力量，真正领会其中深刻含意，可以指导僧人“心住一境”，虔诚修行；有人说参悟了这三字禅，便可以启迪常人日常生活的许多方面，从而达到一个新的境界；也有人说这则公案体现的是一种淡薄淡定的心态，生活中有茶，茶中亦有禅，故而禅的智慧便隐匿于我们的生活之中。

语言表达无法代替亲证体验，参禅和吃茶一样，是浓是淡，是涩是甜，禅的滋味，听别人解说，始终不是自己体悟。所以，万语千言，不如“吃茶去”三个字。

没有金刚钻，不揽瓷器活。撰作这本小册子，是一个胆大妄为的决定。我并非佛教徒，未皈依佛法僧三宝，也未曾深入学习佛学经典，亦不经觉者印证，仅凭与曹溪的一种缘分和热诚，仅凭自以为是的一些粗浅体悟，便贸然动笔，不免心下惴惴，生怕堕入旁门，误人误己。

佛家经典或是寺院印制的文集，庄重严谨、博大精深，需要相当的毅力和智慧去参悟，也使得很多未发菩提心的人内心叹服，顶礼膜拜，却敬而远之。这本小册子以一种随缘的态度，以随笔的方式，以南华禅寺的建筑、文物为叙述主线，穿插与僧人的交往趣事及点滴感悟，再辅以悦目的配文图片，想必会为更多的普通人所接受，愿意去翻阅——只要有人愿意读，这个小册子便有了意义，有了价值。

对于佛弟子，或是了解禅宗的学者，甚至是熟悉南华禅寺的人来说，这本小册子的分量轻如鸿毛。但芸芸众生中，毕竟还有更多未窥禅门之人，如果因了这本小册子，而对南华禅寺和禅宗感了兴趣，更以此为契机，钻研佛学经典，甚或从此登堂入室，也未可知。

六祖惠能曾说过“不立文字”，并不是指不留下文字，而是希望参禅者不拘泥于文字。不管这本小册子的内容向你展示了一个怎样的南华禅寺，都不如你自己去一趟曹溪，好好地在菩提树下吃杯茶。

六祖惠能又说：“菩提自性，本来清净，但用此心，直了成佛。”人人皆有佛性，人人皆可成佛。

你，也可以在菩提树下吃杯茶。